Marita Metz-Becker

Henriette Keller-Jordan

Portrait einer vergessenen Schriftstellerin

Marburger Stadtschriften zur Geschichte und Kultur 41

Marburg 1992

**Marburger Stadtschriften zur Geschichte und Kultur
Band 41**

Herausgegeben vom Magistrat der Stadt Marburg, Presseamt
Redaktion und Gestaltung: Erhart Dettmering
Druck: Grundblick, Marburg-Moischt
Auslieferung durch das Presseamt der Stadt Marburg, Rathaus
Copyright 1992 by Magistrat der Stadt Marburg
Printed in Germany. ISBN 3-923820-41-0

Für Leslie

* 29.12.1990

Inhalt

Seite

Vorbemerkung 7

I.	Einleitung	9
II.	Weibliche 'Trieb-Federn' des Schreibens	10
III.	Sylvester Jordan: Glanz und Tragik eines 'Aufsteigers'	15
IV.	Probleme der Frauenforschung und der Nachlaß Henriette Keller-Jordans	21
V.	Henriette Keller-Jordan	25
	1. Die Kindheit in Marburg	25
	2. Jungmädchenjahre in Frankfurt und Kassel	39
	3. Schwierige Ehejahre in Mexiko	55
	4. Rückkehr nach Deutschland (Kassel/Schwalm/Marburg)	70
	5. Neuanfang in Tübingen: Eine Schriftstellerin wird geboren	77
	6. Produktivität und Identität - letzter Lebensabschnitt in München	88
VI.	Henriette Keller-Jordan und ihr Werk	104

Zeittafel	120
Literaturangaben	124
Bildnachweise	128

1 Henriette Keller-Jordan im Jahre 1885

Vorbemerkung

Mit diesem Buch wird der Versuch unternommen, die Biographie einer überaus produktiven Schriftstellerin zu rekonstruieren und einer breiteren Öffentlichkeit bekanntzumachen. Sowohl der zeitgeschichtliche Zusammenhang als auch die psychischen Bedingungen, unter denen literarische Produktionen von Frauen im vorigen Jahrhundert entstanden, werden dabei mitreflektiert und anschaulich gemacht.
Somit trägt das Autorinnenportrait auch exemplarischen Charakter für die 'Schreibende Frau' des 19. Jahrhunderts.

Henriette Keller-Jordan, Roman- und Reiseschriftstellerin, Novellistin, Kunst- und Literaturkritikerin, Mitbegründerin der Zeitschrift "Hessenland" für Geschichte und Literatur, Mitarbeiterin am Cottaschen Musenalmanach, Korrespondentin für die Deutsche Zeitung ("Germania") in Mexiko, Übersetzerin aus dem Englischen, Französischen und Spanischen und nicht zuletzt Verfasserin einer umfangreichen Autobiographie, kann als eine der produktivsten Autorinnen ihrer Zeit angesehen werden.
Dennoch wurde sie vergessen, in den einschlägigen Literaturgeschichten übergangen oder nur marginal wahrgenommen. Die wenigen weiblichen Namen, die in der männlich dominierten Forschung auftauchen, sind als "Ausnahmefrauen" in die Reihe der 'großen Männer' aufgenommen worden. Keller-Jordan gehört nicht dazu. Auch läßt sie sich in keine Literaturtradition einreihen, da Frauenliteratur auf eine solche nicht zurückgreifen kann. Es kennzeichnet die Frauenliteratur vielmehr, "daß sie nicht in einer kontinuierlichen Abfolge von Schriftstellerinnengenerationen verlaufen ist, bei der die nachfolgende stets auf die vorangegangene reagiert hätte, wie das bei den männlichen Autoren oft der Fall war"[1].
Diese von Brüchen, Neuanfängen, Diskontinuitäten gekennzeichnete Literatur spiegelt die gesellschaftliche Stellung der Frau wider, die traditionell aus der Öffentlichkeit ausgeschlossen und auf sich allein verwiesen war.

Henriette Keller-Jordan, die am literarischen Leben ihrer Zeit nicht unbedeutend mitgewirkt hat, wird heute nicht mehr gelesen.
Sie fiel der Vergessenheit anheim, wie unzählige ihrer Geschlechtsgenossinnen, denen die Forschung keine Aufmerksamkeit widmete. Erst mit der Frauenbewegung in den 70er Jahren dieses Jahrhunderts begann die Aufarbeitung vergessener und verschwiegener Geschichte und Literatur von Frauen.

---

1   Gnüg/Möhrmann, IX

Der vorliegende Band versucht, die Lebenswirklichkeit einer sich aus den Fesseln der patriarchalischen Gesellschaft des 19. Jahrhunderts emanzipierenden Frau deutlich zu machen. Ihr bürgerlicher Alltag, ihre Höhepunkte und Niederlagen, ihre Verzweiflung, Hoffnung und vor allem ihr Mut und ihr Durchsetzungsvermögen, das sie - entgegen allen Vorzeichen - zu einer bedeutenden Schriftstellerin emporwachsen ließ, werden lebendig und zeichnen damit ein Epochenbild, in dem Frauenleben in der Regel nur in Bezug auf den Mann eine Bedeutung erhielt. Henriette Keller-Jordan aber gelang der Ausbruch aus dieser zurechtgestutzten Rolle und so konnte sie am Ende doch noch auf ein erfülltes und selbstbestimmtes Leben zurückblicken.

Es ist zuallererst der Forschungsstelle "Literarische Kultur in Oberhessen" zu verdanken, daß Henriette Keller-Jordan, die in Marburg geboren wurde und viele Jahre dort lebte, wieder an das Licht der Öffentlichkeit gebracht werden konnte. Die Forschungsstellen am Fachbereich Germanistik der Philipps-Universität Marburg und Justus-Liebig-Universität Gießen, vom Hessischen Ministerium für Wissenschaft und Kunst gefördert, widmen sich der Erforschung des literarischen und kulturellen Lebens der Region Oberhessen (Wetzlar-Gießen-Marburg). Bezüglich der spezifisch weiblichen literarischen Kultur wurde bereits die aus dem Projekt hervorgegangene Arbeit "Schreibende Frauen. Marburger Schriftstellerinnen des 19. Jahrhunderts, Marburg 1990" der Öffentlichkeit vorgelegt.

Für das vorliegende Buch habe ich mehreren Personen Dank abzustatten: Zunächst an Frau Dr. von Moisy an der Bayerischen Staatsbibliothek in München für ihre sachkundigen Hinweise. Der Nachlaß Henriette Keller-Jordan befindet sich in der Bayerischen Staatsbibliothek, wo er bis zu den Recherchen für dieses Buch unbenützt und nicht bearbeitet gelegen hat.
Mein besonderer Dank gilt Herrn Prof. Dr. Wilhelm Solms (Marburg), der das Vorhaben, auch den weiblichen Anteil "Literarischer Kultur in Oberhessen" zu erforschen, mitunterstützte und das nötige Vertrauen in mich setzte.
Ferner fühle ich mich den Mitarbeiterinnen und Mitarbeitern des Forschungsprojektes an den Universitäten Gießen und Marburg für ihr Wohlwollen, Entgegenkommen und ihre Hilfeleistungen zu Dank verpflichtet.

Nicht zuletzt möchte ich Frau Christa Winter erwähnen, die als Frauenbeauftragte der Stadt Marburg die Herausgabe des Buches großzügig gefördert hat. Gemeinsam mit ihren Mitarbeiterinnen Frau Bodenbender und Frau Vogel hat sie es, über die finanzielle Zuwendung hinaus, zur Druckreife gebracht, indem noch einmal letzte Hand angelegt und das Ganze mit Computer neu geschrieben werden mußte. Ihnen allen sei ganz herzlich gedankt.

I. Einleitung

"Wir haben unter unseren heutigen Frauen so viele Schriftstellerinnen, weil wir soviel unglückliche Frauen haben, in der Literatur suchen sie die Befriedigung, welche die Häuslichkeit (...) ihnen nicht gewährt, sie flüchten in die Poesie, weil das Leben sie zurückstößt." Diese Beobachtungen von Robert Prutz über "Die Literatur und die Frauen"[2] haben für das ganze 19. Jahrhundert Gültigkeit. Der Anteil schreibender Frauen erhöht sich in diesem Jahrhundert enorm. 1825 verzeichnet Schindel etwa 500 Schriftstellerinnen, Patakys "Lexikon deutscher Frauen der Feder" von 1898 kennt bereits über 5000. Wie kam diese Entwicklung zustande?

Infolge des tiefgreifenden Wandels der Lebensbedingungen im 19. Jahrhundert verstärkt sich die Diskrepanz im Lebensalltag der Geschlechter. Besonders im oberen Mittelstand ist zu beobachten, daß die Männer aufgrund ihrer beruflichen Tätigkeit in Verwaltung, Geschäft und Politik sowie aufgrund ihrer Funktionen in der Öffentlichkeit an den eklatanten gesellschaftlichen Entwicklungsvorgängen teilnehmen. Diese entstehen durch die Industrialisierung, die Differenzierung und Spezialisierung der Arbeitsvorgänge, die Herausbildung neuer Berufe sowie durch die technischen und naturwissenschaftlichen Innovationen. Für die Mehrzahl der Frauen derselben sozialen Schicht hingegen bleibt die alte traditionsgebundene, beharrende Lebensweise bestehen. Sie nehmen bei weitem nicht im gleichen Ausmaß an den gesellschaftlichen Entwicklungen teil. Für sie gilt dagegen nach wie vor die Schillersche Maxime: "Der Mann muß hinaus ins feindliche Leben - und drinnen waltet die züchtige Hausfrau." Diese Vorstellungsweise sollte mit ihren fatalen Auswirkungen für die Frauen noch bis in das 20. Jahrhundert hinein Gültigkeit behalten.

---

2 1859, 252 f.

II. Weibliche 'Trieb Federn' des Schreibens

Wo sollte die Frau außerhalb der sie bedrängenden häuslichen Sphäre ein Tätigkeitsfeld finden? Von Bildungseinrichtungen weitgehend abgeschnitten, dem Mann juristisch nicht ebenbürtig, womit sie noch nicht einmal Verfügungsgewalt über ihr eigenes Vermögen besaß, war sie diesem vollkommen ausgeliefert. Aus diesen ihr feindlichen Lebensumständen, die sie auf ihre biologischen Geschlechtseigenschaften bzw. den daraus entwickelten sozialen fixierten, gab es eigentlich nur eine einzige Chance des Entrinnens: Sich schreibend als Person überhaupt erst zu erschaffen. So begann denn auch weibliches Schreiben mit der Kultur der Briefe und Tagebücher, die mit einem hohen Anspruch gekoppelt war. "Alle Vermögen, die bei Männern der Arbeitstag eines Berufslebens, alle Wünsche und Begierden, die bei ihnen in den vielfältigen Beziehungen des Alltags wenn nicht befriedigt, so doch in den Pantomimen und Choreographien eines komplizierten Handlungsfeldes zu symbolischer Darstellung kommen konnten, mußten für die Frauen in Worte gefaßt werden"[3]. Somit wird die Schriftstellerei zum einzigen alternativen Betätigungsfeld für Frauen. Eine ordentliche Schulausbildung oder gar die Möglichkeit zum Hochschulstudium sollte sich erst gegen Ende des Jahrhunderts als Möglichkeit auftun. Für die bürgerliche Frau war bis dahin Berufstätigkeit verpönt. Abgeschnitten von den gängigen Formen der Selbstverwirklichung, wie sie die Männer zum großen Teil vorfanden, blieb ihnen, wollten sie nicht ganz und gar in ihren psychosomatischen Leiden erstarren, nur der entschlossene Griff zur Feder. Und so finden sich denn auch in den Biographien, Tagebüchern und Erinnerungen immer wieder Berichte über Müßiggang und Langeweile, über Unbehagen, Unausgefülltsein, und über das Gefühl, nicht verstanden zu werden. Damit produzierten sie eine Literatur, die aufgrund der spezifisch weiblichen Sozialisation im 19. Jahrhundert einen spezifisch "weiblichen" Charakter erkennen läßt. Die Motivation zum Schreiben erhielten die Frauen eben in der Regel nicht aus dem Bewußtsein ihrer eigenen Grandiosität, was für das Verfassen mannlicher Lebenserinnerungen oft die Triebfeder war (prototypisch: Goethes "Dichtung und Wahrheit"), sondern aus ihrem Kampf um Identität und gesellschaftliche Anerkennung.

Dies gilt im übrigen für die Autobiographie als Gattung insgesamt: Sie steht im engen Zusammenhang mit der Herausbildung des bürgerlichen Selbstbewußtseins. Das bürgerliche Individuum gibt mit seiner Autobiographie zu erkennen, daß es seine gesellschaftlichen Rollen nicht nur zufällig besitzt, aufgrund seiner Herkunft etwa, wie es für den Adel der Fall war, sondern es beansprucht die gesellschaftliche Achtung seines Lebens aufgrund eigener

---

[3] Mattenklott 1989, 126

Leistungen. Das heißt aber, daß zunächst auch das Genre der Autobiographie ein männliches war, denn wo hätten Frauen in anerkannten Formen ihr Leben erzählen können? Zum einen galt das, was sie zu sagen gehabt hätten, als gesellschaftlich irrelevant, denn wen interessierte schon der ständige Kreislauf zwischen Kindern, Küche und Kirche, und zum anderen blieb ihnen eine Berufsbiographie, wie die Männer sie vorzuweisen hatten, möglichst mit abenteuerlichen Erlebnissen bestückt, noch lange Zeit versagt. Dennoch wagten es bereits im 18. Jahrhundert auch Frauen auf der Suche nach eigener Identität, ihr Leben Revue passieren zu lassen und solche Lebensberichterstattung an die Öffentlichkeit zu bringen. Dies trifft sowohl auf adlige wie auf bürgerliche Frauen zu, wobei natürlich zu berücksichtigen ist, daß sie sich aus vorwiegend intellektuellen Schichten rekrutierten.

Als prototypisch für eine adlige Biographie darf die der Markgräfin Wilhelmine von Bayreuth gelten, die älteste Schwester Friedrichs des Großen. Die Prinzessin schildert sich in ihren Memoiren als eine vor allem unglückliche Frau, deren Leben zwischen Hofintrigen, Heiratspolitik und den Gehässigkeiten lieblos-brutaler, sich streitender Eltern und Erzieher verlief. Für die heutige Kulturwissenschaft sind ihre Schilderungen, die übrigens spannend wie ein Kriminalroman zu lesen sind, nichts Geringeres als ein Beitrag zur Alltags-Geschichte der Aristokratie im 18. Jahrhundert, gesehen mit den Augen eines ihrer Mitglieder, einer klugen Frau. Für Wilhelmine selbst war ihre Autobiographie eine Möglichkeit, sich als Subjekt zu erleben und damit gewissermaßen zu überleben in einer Gesellschaft, die das Patriarchentum par excellence praktizierte. Daß die Memoiren gedruckt wurden, lag gar nicht in ihrer Absicht und geschah auch erst mehr als 50 Jahre nach ihrem Tode (1810)[4].

Als eine der frühesten Intellektuellen-Biographien bürgerlicher Kreise darf die von Friderica Baldinger (1739-1786) gelten, die in ihrem "Versuch über meine Verstandeserziehung" (1791) bekennt: "Ich wünschte so gar gelehrt zu werden, und ärgerte mich, daß mich mein Geschlecht davon ausschloß"[5]. "Ich hatte mir in den Kopf gesetzt: die Männer müßten schlechterdings alle klüger seyn wie die Weiber, weil sie sich das Regiment über uns anmaßen, ich fand bei den wenigsten, daß sie aus Überlegenheit des Verstandes, ein Recht dazu hätten"[6]. In diesen Äußerungen tritt ein weibliches Selbstbewußtsein zutage, das für das 18. Jahrhundert sicher noch als Ausnahme betrachtet werden muß. Der Normalfall dagegen war, daß sich die geschichtliche und gesellschaftliche Rolle der Frau auf das Gebiet der Liebe und Familie be-

---

4   vgl. Weber-Kellermann, 1981
5   Baldinger 1791, 21
6   ebenda, 27

schränkte, einer 'privaten' Rolle also, der in aller Regel das 'öffentliche' Interesse abging. Weiblicher Alltag bot keinen hinreichenden Stoff für Autobiographien. Und wie sollten Frauen, die sich nicht öffentlich zeigen durften, ihr Leben öffentlich erzählen? Bürgerliche Mädchen durften nicht einmal stark ausgeprägte Eigenschaften oder außergewöhnliche Begabungen entwickeln, es sei denn, diese Eigenschaft bestand in einer besonderen Tugendhaftigkeit. Alle anderen Begabungen minderten ihren Heiratswert. Friderica Baldinger erinnert sich: "Diesem ewig geliebten Bruder habe ich den Anfang aller meiner Kenntnisse - mein ganzes Glück zu verdanken, und ich würde mehr haben werden können, wenn meine gute Mutter nicht geglaubt hätte, Bücher lesen, außer Bibel und Gesangbuch, wäre Todsünde, Müßiggang für ein Mädchen"[7].

Ihre ökonomische Abhängigkeit zwang die Frauen, sich den patriarchalisch geprägten gesellschaftlichen Forderungen anzupassen, und sich auf die nichtöffentliche Sphäre reduzieren zu lassen. Traten sie dennoch schreibend an die Öffentlichkeit, verbargen sie in der Regel ihre Identität hinter einem Pseudonym oder sie gaben ihre Produktionen unter dem Namen der jeweiligen Ehemänner heraus, wie etwa Caroline Schlegel-Schelling, deren Anteil an den Schlegelschen Shakespeare-Übersetzungen aus diesem Grund bis heute von der Literaturgeschichte nicht exakt ausgewiesen werden konnte. Ihre Zeitgenossin Sophie Mereau, eine der ersten Berufs-Schriftstellerinnen überhaupt, mußte sich als gefeierte und anerkannte Autorin von ihrem Ehemann Clemens Brentano sagen lassen, daß es ihn immer quäle, etwas Gedrucktes von ihr zu sehen[8].

Trotz all dieser Widerstände begannen die Frauen, sich das Terrain des Schreibens im Laufe des 19. Jahrhunderts zu erobern. Da sie aufgrund ihrer gesellschaftlichen Lage nicht das Große, Glänzende, Einzigartige erlebten, wie es bei Männerbiographien meist der Fall ist, waren es gerade die gegenteiligen Motive, die sie zum Schreiben drängten. Biographische Brüche wie Ehescheidungen, Krankheiten, psychische und soziale Nöte können als weibliche Triebfedern gelten. Sich in Grenzsituationen erfahren zu haben, wird damit eine der Voraussetzungen weiblichen Schreibens. Oder, wie es Benoite Groult formuliert: "Man schreibt mit dem, was man hat, d. h. mit dem, was einen zerstört oder quält, und die Sorge um Wohlanständigkeit kann ein Werk nur dünn und fad machen"[9]. Da sich solche Offenheit aber nicht ziemte - für Frauen erst recht nicht - haben die Autorinnen ihre autobiographischen Erlebnisse bzw. ihre wahren Gefühle häufig hinter einer Romanheldin verborgen, so daß wir gerade bei Frauenliteratur davon ausgehen können, daß

---

7   ebenda, 25
8   vgl. Weigel 1987, 31
9   Groult 1984, 442

sie eine Mischung aus autobiographischen und romanhaften Formen darstellt, der Roman mithin autobiographisch motiviert ist.

Als ein Beispiel für die komplexe Problematik weiblicher Emanzipation im 19. Jahrhundert stellen sich die Biographie und das Werk von Henriette Keller-Jordan dar. Auch und insbesondere für sie trifft meine These zu, daß Frauen erst durch mehrfach erlebte Krisen und Brüche in ihrer Biographie zur Feder greifen[10]. Die gesellschaftlich erzwungene Beruflosigkeit der bürgerlichen Frau gestattete ihr keine anderen Möglichkeiten zur Selbstentfaltung und ließen ihr nur die schmale Bandbreite des "Dilettantismus" in Literatur und Kunst. Daß die Frauen in großer Anzahl zur Professionalität hätten gelangen können, wußte die patriarchalisch strukturierte Gesellschaft zu verhindern.

Autorinnen wurden in den männlich kontrollierten Institutionen der Künste nur als "weibliche Ausnahmen" zugelassen. Frauen liefen auch im 19. Jahrhundert noch Gefahr, daß jede ästhetische Selbstdarstellung in der Öffentlichkeit in die Nähe der Prostitution gerückt wurde. Selbst in einem so aufgeklärten Milieu wie dem der Familie Jordan war weibliche Berufsausübung verpönt. Sylvester Jordan, Professor, Politiker und Revolutionär, ließ seinen Töchtern zwar Privatunterricht geben, blieb im übrigen aber der Auffassung verhaftet, daß sie in einer bürgerlichen Konvenienzehe und nicht in einem eigenständigen Beruf ihre Zukunft zu suchen hätten. Mit dieser Einstellung befand er sich übrigens in 'bester Gesellschaft': Der Zeitgenosse Karl Marx (1818-1883) lieh sich nicht zuletzt deshalb größere Geldsummen bei seinem Freund Friedrich Engels, um Gesellschaften für seine drei Töchter ausrichten zu können, damit diese den adäquaten Ehepartner fänden (vgl. Goch 1988). In diesem gar nicht revolutionären Geist verliefen auch Kindheit und Jugend der Töchter Sylvester Jordans.

Anhand der autobiographischen Aufzeichnungen Henriette Keller-Jordans, die handschriftlich in der bayerischen Staatsbibliothek in München archiviert sind und nie veröffentlicht wurden, gilt es nun, ein Familienporträt zu entwerfen und ihren Lebensweg mit seinen Krisen, Brüchen, Widersprüchen, gesellschaftlicher Angepaßtheit und mutigem Widerstand nachzuzeichnen. Damit kann ihr Leben als beispielhaft für eine Frauengeneration angesehen werden, die sich entweder den gesellschaftlichen Zwängen anpaßte und dabei Lebensfreude und Gesundheit riskierte, wie es Henriette am Beispiel ihrer Mutter tagtäglich vor Augen hatte, oder - um der eigenen Überlebensfähigkeit willen - das Risiko des Ausgeschlossenwerdens und des sozialen Abstiegs einging. Dieses Risiko barg aber zugleich die ungeheure Chance einer Selbsterkennung und -verwirklichung.

---

10 vgl. Metz-Becker 1990, 57-101

2 Sylvester Jordan im Jahre 1830/31

III. Sylvester Jordan: Glanz und Tragik eines 'Aufsteigers'

Die am 4. Juni 1835 in Marburg/Lahn geborene Henriette Jordan war die älteste Tochter Sylvester Jordans (1792-1861) und dessen zweiter Ehefrau Pauline Wigand, der Tochter des bekannten Geschichtsforschers Dr. Paul Wigand, Direktor des Reichskammergerichts in Wetzlar. Der Marburger Jura-Professor Jordan galt in der Zeit von 1830-1849 als einer der bekanntesten Liberalen Deutschlands und als Schöpfer der kurhessischen Verfassung von 1831, die er in der Ständeversammlung bis 1833 als bedeutendster Gegenspieler der Regierung hartnäckig verteidigte. Das Volk feierte ihn, doch von der Regierung wurde er herabgesetzt und rücksichtslos bekämpft. 1839 verhaftete man Jordan wegen angeblicher Teilnahme an hochverräterischen Unternehmungen und verurteilte ihn nach einem langwierigen Verfahren zu 5 Jahren Haft. "Dieser politische Protest, der erst 1845 mit einem Freispruch durch das Oberappellationsgericht in Kassel endete, machte ihn zu einer Symbolfigur des Widerstandes gegen die Reaktion. Sein Schicksal erregte in ganz Deutschland große Anteilnahme und wurde in einer Vielzahl von Aufsätzen und Gedichten beklagt"[11]. Als großer liberaler Märtyrer starb Jordan 1861 und sein Begräbnis in Kassel wurde zu einer Demonstration gegen die Politik des Kurfürsten.

Ein solcher Werdegang war dem armen Schuhmachersohn keineswegs in die Wiege gelegt. Der am 30. Dezember 1792 in dem Bergdorf Omes bei Innsbruck als jüngstes von 8 Kindern eines armen Handwerkerehepaares geborene Sylvester hatte früh in der Werkstatt des Vaters mitzuarbeiten, was ihm kaum Zeit für einen regelmäßigen Schulunterricht ließ. Mit 9 Jahren begann er bereits eine Schuhmacherlehre und diente gleichzeitig reichen Bauern als Tagelöhner. Der alkoholkranke Vater mißhandelte Frau und Kinder schwer, so daß Jordan seine Kindheit nur als hart und bitter in Erinnerung behalten hat. Durch die Unterstützung eines Priesters aus Axams und eines Verwandten gelang es ihm, 1806 in das Innsbrucker Gymnasium aufgenommen zu werden, was der Vater mit Vehemenz bekämpft hatte. Seinen Unterhalt verdiente er sich durch Erteilung von Privatunterricht und dem Tragen der Bücher für Mitschüler. Dann begann gewissermaßen eine 'Blitzkarriere', wie sie für soziale Aufsteiger typisch ist: Durch unendlichen Fleiß und ohne sich vom üblichen studentischen 'Hallodrie' ablenken zu lassen, nahm Jordan 1813 an der Universität Landshut ein Jura- und Philosophie-Studium auf, ging dann 1814 für ein Jahr nach Wien, wurde 1815 von der philosophischen Fakultät der Universität Landshut mit dem ersten Preis für seine Examensarbeit ausgezeichnet und im Mai desselben Jahres zum Doktor der Philosophie und freien Künste promoviert. Nach einer kurzen Hauslehrerzeit in München

---

11   Kleinknecht 1983, V

setzte er sein Jurastudium fort, das er im August 1817 mit dem juristischen Doktorexamen abschloß. Nach einem Intervall als Oberappellationsgerichtsadvokat in München erhielt er 1820 an der Heidelberger Universität eine Privatdozentur. Hier habilitierte er sich binnen eines Jahres, bevor er mit einem Jahresgehalt von 400 Reichsthalern als außerordentlicher Professor an die Universität Marburg berufen wurde. Bereits 1822 ernannte man ihn zum ordentlichen Professor und außerordentlichen Mitglied der Juristenfakultät, am 2.8.1825 wählte ihn der akademische Senat zum Prorektor der Universität. 1830 schließlich wurde Jordan vom gleichen Senat als Vertreter der Universität in die Ständeversammlung delegiert, in der er bald eine entscheidende Rolle spielte.

Auch sein privates Leben verlief in geordneten Bahnen: 1821 heiratete er Maria Staudinger, die mit ihren gesparten 300 Gulden Jordans Studium in München mitfinanziert hatte. Das Ehepaar, dem vier Kinder geboren wurden, lebte zur Untermiete im Haus des Marburger Universitätsapothekers Döring. Mitten in dem politisch ereignisreichen Jahr 1832 starb nach langer Krankheit seine Frau Maria an Lungentuberkulose. Nach seinen eigenen Aussagen bestand Jordans "höchstes Bedürfnis" nach ihrem Tode darin, "meinen zum Teil kränkelnden Kindern sobald als möglich wieder eine Mutter zu geben"[12]. Bereits einen Monat später, im Juni 1832, verlobte er sich mit Pauline Wigand, der Tochter seines Freundes Paul Wigand. Im September fand die Hochzeit statt und Jordan kehrte mit seiner jungen Frau nach Marburg zurück. Sein Kampf gegen die Regierung, der ihn zum Volkstribun hatte avancieren lassen, brachte es allerdings auch mit sich, daß sein Gehalt eines der niedrigsten für Professoren in Marburg und seit 1824 nicht erhöht worden war; seine politische Tätigkeit kostete ihn zusätzlich die Vorlesungsgebühren. So zog er sich auf dem Gipfel seiner Popularität aus der Politik zurück.

Die sich abzeichnende Restauration versuchte er nicht mehr aufzuhalten, verstand sich ohnehin als Einzelkämpfer, keineswegs als Sprecher oder Anführer einer politischen Bewegung, und fühlte sich nunmehr auch nur noch sich und seiner Familie verantwortlich. Sein Wunsch war es, sich der Wissenschaft und einem ruhigen Familienleben hinzugeben, da er nun auch auf eine Verbesserung seiner finanziellen Verhältnisse hoffen konnte. In seinen politischen Erinnerungen schreibt er seiner Frau: "Ich freue mich wie ein Kind auf die Zeit, wo wir zusammen in unserem Gärtchen pflanzen, säen und uns der schönen Natur freuen können"[13]. Fortan widmete er sich ganz seiner Lehr- und Forschungstätigkeit an der Universität Marburg, was die Reaktion allerdings nicht daran hinderte, ihn bereits im Mai 1833 wegen möglicher

---

12   vgl. Kleinknecht 1983, 110
13   Jordan 1912, 224

Kontakte zu revolutionären Vereinigungen von der Polizei überwachen zu lassen. Der Bespitzelung Jordans war der Frankfurter Wachensturm vom 3.4.1833 vorangegangen, das Signal für eine Erhebung in ganz Deutschland. Minister Hassenpflug erreichte es jedoch zunächst nicht, Jordans Beteiligung an revolutionären Umtrieben zu beweisen. Er geriet dann erst wieder im Frühjahr 1835 in Verdacht, als die Polizei im Großherzogtum Hessen die Gruppe um Büchner und Weidig zerschlug, die mit ihrem "Hessischen Landboten" die Bauern zum Aufstand aufgerufen hatten. Trotz Denunziationen, die aus der Gruppe kamen, konnte Jordan nichts nachgewiesen werden. Erst am 18.6.1839 umstellte die Polizei morgens um 7.00 Uhr Jordans Haus, teilte dem völlig fassungslosen Mann seine Suspendierung vom Amt des Professors mit, durchsuchte sein Haus und verhaftete ihn wegen "demagogischer und hochverrätherischer Umtriebe" noch im Schlafrock. Er wurde im Marburger Schloß gefangengehalten, das 1809 zum Teil als Gefängis eingerichtet worden war. Jordan saß in einer Zelle hinter dem Erker des 4. Obergeschosses, das daraufhin im Volksmund Jordanstürmchen genannt wurde. Das Untersuchungsverfahren zog sich über mehrere Jahre hin, da die schweren Anschuldigungen gegen ihn nicht bewiesen werden konnten. In der Haft verbitterte Jordan immer mehr, sein Gesundheitszustand verschlechterte sich eklatant, wozu nicht zuletzt die schweren Krisen seiner familiären Situation beitrugen. Alle vier Kinder aus erster Ehe starben während seiner Inhaftierung an Tuberkulose. Der Tod von Jordans vierzehnjähriger Tochter Louisa Friderica am 6.5.1842 bewog Ferdinand Freiligrath zu einem Gedicht, in dem er die "besten deutschen Toten", Schiller, Hutten, Schubart und Seume, zu dem Mädchen sprechen läßt[14]. Zwei weitere Kinder Sylvester Jordans starben 1844: Der älteste Sohn Ferdinandus, der in Marburg Jura studierte, im Alter von 22 Jahren und die erst 20-jährige Tochter Caroline. 1845 starb sein Sohn Wilhelmus Simon im Alter von 19 Jahren[15]. Daß all diese Schicksalsschläge auch seiner 2. Ehefrau stark zusetzen mußten, kann nicht wunder nehmen. In dieser Marburger Zeit kündigte sich bei ihr ein Nervenleiden an, das nie wieder ausgeheilt werden konnte. Das am 14. Juli 1843 gegen Jordan verhängte Urteil zu 5 Jahren Festungshaft "wegen Beihülfe zum versuchten Hochverrath", wurde zwar vom Oberappellationsgericht in Kassel 1845 wieder aufgehoben und Jordan nur zu einer Strafe von 5 Thalern wegen "unpassender Schreibart" verurteilt, doch seine Kraft war für alle Zeit gebrochen[16].

---

14 vgl. Freiligrath 1905
15 vgl. Marburger Sippenbuch, Band 13
16 ADB, 14. Band, 519

3 Das Schloß in Marburg. Das Türmchen in der oberen Mitte des Südflügels, im Volksmund "Jordanstürmchen" genannt, war Sylvester Jordans Gefängnis.

Während seiner Gefangenschaft war er zeitweise unter strengster Bewachung in sein Haus gelassen worden, wie im Oktober 1844, als sein Sohn Ferdinandus im Sterben lag oder im Januar 1844, als sich seine Frau infolge einer Geburt in einem gesundheitlich bedenklichen Zustand befand. Diese 1844 geborene Tochter Natalie wurde von der Familie "unser Gefängniskind" genannt, weil sie während seiner Haft geboren worden war. Seine bereits 1835 geborene älteste Tochter Henriette dagegen, erlebte das schwere Familienschicksal bereits sehr bewußt mit. In ihrer autobiographischen Erzählung "Ein welkes Blatt"[17] erinnert sie sich später so:

"Ich kauere an dem Gitter des Gefängisses oben in dem Marburger Schloß und schaue - meine langen Zöpfe um das Gitter schlingend - hinunter, über die verkrüppelten Häuser hinweg in das weite Gießener Thal. Hinter mir steht mein gefangener Vater und streicht mit seiner abgemagerten Hand zärtlich über mein Haar; er erzählt mir von der Welt da draußen, von der sagenhaften Ruine des Frauenbergs, von edlen Thaten und von Menschen, die hinter jenen Bergen wohnen. Wie ich glücklich bin - wie ich ihn liebe, diesen Vater, und wie mir nichts fehlt, wenn ich bei ihm bin - gar nichts, nicht einmal die Mutter. (...) Ich litt, wie Kinder leiden, die noch keine handgreiflichen Gründe kennen, aber mit ihren unbeholfenen Fähigkeiten im Dämmern ihrer Gedanken heruntasten und das Elend fühlen, ohne es zu verstehen. Ich drückte die Tasche, in welcher sich die Kanne befand, in der ich, zweimal wöchentlich, meinem Vater den Kaffee bringen durfte, fest, als sei sie ein Teil von ihm, an die Brust und begann zu laufen, aber der Schnee war glatt und der Berg steil, ich glitschte und fiel, stand wieder auf und fiel abermals. Warum konnte ich nicht wenigstens bei meinem Vater bleiben? Er war so allein, so hoch da oben - so verlassen. (...) Dicke Thränen rannen über mein Gesicht, und ganz in meinen Kinderqualen versunken, stand ich, ohne es bemerkt zu haben, vor der Thüre unseres Hauses. Ich ging nicht hinein (...) ich mußte erst dem Vater "Gute Nacht" sagen, wie ich es fast allabendlich that. Da oben, am Ende des Kirchhofs, auf der steinernen Stufe, die zum Superintendanten-Hause führte, da konnte ich seine Fenster sehen, und wenn es Tag war, ihm mit dem Tuche winken, so wie es die Mutter that. Gottlob, er hatte Licht, er war nicht mehr traurig, er schrieb oder las. (...) Und bald - bald wurde mein Vater frei - wie ein Jauchzen ging es durch meine Seele. Man begrüßte und bejubelte ihn. Die Studenten feierten ihn und sangen. Bis nach Mitternacht zechten sie vor unserem Hause und wurden nicht müde "Hoch Sylvester Jordan!" zu rufen. Und ich - ich lag in meinem Bett und begriff es nicht, warum das so wandelt im Leben, warum die Menschen heute gefangen werden und morgen verherrlicht. (...) Bis in die Träume hinein verfolgten mich diese unbegreiflichen Dinge."

Jordan wurde zu einem der liberalen Märtyrer des Vormärz. Spendenaufrufe für ihn gingen durch das ganze Land, so daß seiner Familie erhebliche Be-

---

17 Keller-Jordan 1902, 246 f.

träge zur Verfügung gestellt werden konnten. Doch für die kurhessische Regierung war der Freispruch des obersten Gerichts kein Grund, Jordan zu rehabilitieren. So hat sie auch beispielsweise die 1839 ausgesprochene Suspendierung Jordans von seinem Amt nicht zurückgenommen. Jordan lebte fortan mit seiner Familie isoliert und zurückgezogen in Marburg. Erst die Märzereignisse des Jahres 1848 führten seine Person wieder ins Rampenlicht der Öffentlichkeit. Als prominentes Opfer der Willkürherrschaft wurde er in hohe politische Ämter berufen: Er war Abgeordneter in der Nationalversammlung und kurhessischer Gesandter beim Bundestag. Jordans Rückkehr in die Politik nach 15 Jahren öffentlicher Zurückhaltung stieß in Kurhessen und darüber hinaus auf ein großes Echo. Als einer der Männer, die unter der Verfolgung der Regierung schwer gelitten hatten, wurde Jordan verehrt wie kein zweiter. Die Annahme der Stelle als Bundestagsgesandter führte ihn nach Frankfurt, womit Jordans Verbindung mit Marburg, wo er mehr als 27 Jahre gelebt und gearbeitet hatte, zu Ende war. Nach seiner Entlassung aus dem Dienst im Jahr 1850 ließ er sich in Kassel nieder. Dort starb er, seit seinem Gefängnisaufenthalt an Leib und Seele gebrochen, am 15.4.1861.

IV. Probleme der Frauenforschung und der Nachlaß Henriette Keller-Jordans

In den einschlägigen Publikationen über Sylvester Jordan kann überall sein tragisches Schicksal nachgelesen werden, doch sucht man vergeblich nach den Auswirkungen, die dieses Schicksal auf seine Familie hatte. Seine beiden Ehen, Geburten, das Heranwachsen und der frühe Tod seiner Kinder, werden entweder überhaupt nicht oder allenfalls in den Fußnoten erwähnt. Dabei, sollte man meinen, müßte es doch von Interesse sein, wie die Ehefrauen ein solches Leben ertragen oder auch mitgestaltet haben. Eine Karriere - auch eine politische - macht sich schließlich nicht im luftleeren Raum, sondern gestaltet sich im sozialen Kontext eines Individuums, zu dem auch sein familiäres Umfeld gehört. Eine Geschichtsbetrachtung, die sich in den Taten großer Staatsmänner verliert, vergißt dies geflissentlich. Nicht zuletzt deshalb sind in neuerer Zeit andere Herangehensweisen an geschichtliche Forschung ausprobiert und weiterentwickelt worden: Biographische Forschung, Frauenforschung, Oral-History, sind Beispiele für eine "Geschichte von unten", die sich nicht mehr länger nur an den großen Persönlichkeiten, deren Taten und Werken orientiert, sondern Raum für Fragestellungen offenläßt, die lange Zeit als unwissenschaftlich abgetan wurden. Bezieht man aber auch den Alltag als wissenschaftliche Kategorie mit ein, wird es möglich, die Lebensbedingungen von Arbeitern, Bauern, Angestellten, Armen und schließlich sogar von Frauen zu erforschen.

Dabei hatte insbesondere die Frauenforschung schwere Ausgangsbedingungen: Sie stieß auf die größten Dokumentations- und Überlieferungsschwierigkeiten, denn wie nahe kam sie den "Leistungen und Verletzungen, den Anpassungen und Widerständen von Frauen im Beruf und im Familienleben durch die Lektüre dessen, was Männer über sie schrieben, oder durch die Auswertung von Pfarrbüchern und Standesamtsregistern?", wie Niethammer[18] fragt. Seine Feststellung wirft das Bedürfnis nach neuen Methoden auf, mit denen man sich einem solchen Forschungsdesiderat nähern kann.

Nicht von ungefähr stand die Tagung der Kommission Frauenforschung in der Deutschen Gesellschaft für Volkskunde (DGV) in Freiburg 1986 unter dem Motto "Zwischen den Zeilen und hinter den Objekten", weil nämlich hier gesucht werden muß, um weiblichem Alltag auf die Spur zu kommen. Dabei ist vor allem Vergessenes, Verschüttetes und Verschwiegenes ans Licht zu holen und bereits Geschriebenes noch einmal gründlich 'gegen den Strich' zu lesen. Denn dies dürfte in den letzten Jahren deutlich geworden sein, wie wenig geschlechtneutral Geschichtsschreibung und -forschung waren, was insbesondere auch für die Literaturgeschichte gilt. So wurden die

---
18   Niethammer 1980, 7

literarischen Beiträge von Frauen vernachlässigt oder gar nicht erst zur Kenntnis genommen oder - mit einem an männlichen Werken geschulten Blick - nur begrenzt verstanden.

Am Fall Henriette Jordans wird dies zu exemplifizieren sein. Denn die einschlägige Literaturgeschichte widmet ihr nur wenige Zeilen. In Monographien über ihren berühmten Vater finden sich Angaben zu ihr allenfalls in den Fußnoten. In der Stadtgeschichte Marburgs taucht ihr Name nirgends auf. Somit ist sie eine von mindestens dreizehn vergessenen Autorinnen der Universitätsstadt Marburg, wie ich an anderer Stelle ausgeführt habe[19].

Ein Zufallsfund hat es nun möglich gemacht, die biographisch so wenig dokumentierte Schriftstellerin Henriette Keller-Jordan der Vergessenheit zu entreißen. Durch langwierige Recherchen stieß ich auf einen Hinweis, der ihren Nachlaß in der bayerischen Staatsbibliothek in München vermuten ließ. Eine Anfrage bei der Nachlaßreferentin Frau Dr. von Moisy ergab, daß "der bisher völlig ungeordnete Zustand des Nachlasses (...) wohl darauf schließen (läßt), daß er noch nie benutzt wurde" (Schreiben vom 10.11.1989). Ich kam also in den etwas zwiespältigen Genuß, hier als Erste Hand anlegen zu dürfen, und mein Erstaunen darüber wurde immer größer, wie perfekt man es geschafft hatte, diese Autorin totzuschweigen. Nicht zuletzt fand sich in ihrem Nachlaß außer unzähligen Briefen, Werkmanuskripten, Widmungsexemplaren, Kritiken, Fotoalben, Zeitungsausschnitten und Konzepten eine fast vierhundert Seiten umfassende handgeschriebene Autobiographie.

Die Lektüre dieser Biographie war in mehrfacher Hinsicht aufschlußreich: Zum einen schildert sie die Bedingung der literarischen Kreativität von Frauen und zwar nicht nur die sozialen, sondern vor allem auch die psychischen Bedingungen künstlerischer Produktivität, die theoretisch bislang nur schlecht erforscht sind. Die sozialpsychologischen Zusammenhänge weiblichen Schaffens lassen sich anhand der Keller-Jordanschen Autobiographie hervorragend dechiffrieren. Daß von dieser Seite beleuchtet auch die Vaterfigur Sylvester Jordan in einem anderen Licht erscheint, dürfte klar sein. Die Intimität des Jordan'schen Familienlebens kommt zur Sprache, das Verhältnis zu Eltern und Geschwistern, das Leben in der kleinen Universitätsstadt Marburg, die Gefangenschaft des Vaters und die daraus folgenden psychischen und finanziellen Nöte der Familie, die in Marburg beginnende Nervenkrankheit der Mutter, die niemals ausheilte, und damit insgesamt ein bürgerliches Familienporträt des 19. Jahrhunderts, wie es vielleicht nicht allgemeintypisch ist, aber in Bezug auf stereotype patriarchalische Verhaltensmuster doch ganz im Geist der Zeit verharrt. So ließ z. B. selbst ein fortschrittlicher Liberaler wie Jordan seinen Töchtern keine Berufsausbildung

---

19   Metz-Becker 1990

zukommen, da auch für ihn das weibliche Lebensziel allein in einer gelungenen Verheiratung lag.

Es gelingt dann der Familie, nach langwierigen Brautschau-Jahren die älteste Tochter Henriette an einen Kaufmann zu verheiraten, dessen angeblich gut gehenden Geschäfte sich in der Realität jedoch als Bluff erweisen. An einen ungeliebten Gatten gekettet, dazu noch im fernen Mexiko, muß die junge Frau sich in ihre Lage schicken. Ihr Leben in Mexiko ist einsam, anstrengend und unbefriedigend, auch die Geburt dreier Kinder verhilft ihr nicht zum 'Eheglück'. Unfähig, sich den despotischen Zügen ihres Mannes zu widersetzen, flüchtet sie in Krankheit und Melancholie. Zahllose Tagebücher, denen sie in den mexikanischen Jahren ihr Herzeleid anvertraut hat, werden später von ihr vernichtet. Erst als die Kinder erwachsen sind, schafft sie es, ihren Mann zu verlassen und ihr Leben selbst in die Hand zu nehmen. Finanziell völlig mittellos, ist dies für eine Frau in der zweiten Hälfte des 19. Jahrhunderts nahezu unmöglich. Von der eigenen Familie und selbst den Kindern im Stich gelassen, bringt sie sich zunächst mit dem Erteilen von Privatunterricht durchs Leben. Ihr väterliches Erbteil wird, gemäß der damaligen Rechtslage, von ihrem Mann verwaltet, der es ihr zeitlebens vorenthält. Der Druck dieser Verhältnisse löst endlich ihre schriftstellerische Tätigkeit aus, die ihr gleichzeitig die Möglichkeit bietet, sich dieses Drucks zu entledigen, das Schreiben also gewissermaßen als Ventil zu benutzen. Der Erfolg ihres Erstlingswerks "Mexikanische Novellen" (1883) ermutigt sie zu weiteren Arbeiten, die fast alle auf eine beachtliche Resonanz stoßen. In ihren Romanen findet sich häufig als Leitthema der Gegensatz von mexikanischer und deutscher Kultur, Lebensgewohnheit und Lebensauffassung, womit sie vor allem drückende autobiographische Erlebnisse zu verarbeiten sucht. Während dieser schöpferischen Jahre verfaßt sie ebenfalls ihre Lebenserinnerungen. Offensichtlich hatte sie selbst diese nicht für eine Veröffentlichung vorgesehen, denn erst ihr Nachlaßverwalter, Dr. med. P. Tesdorpf, bemühte sich nach Keller-Jordans Tod im Jahre 1909, das handgeschriebene Konvolut von fast vierhundert Seiten bei einem Verleger unterzubringen. Im Nachlaß existiert ein Schriftwechsel mit dem Verlag C. H. Beck in München, der letztlich einer Veröffentlichung aber ablehnend gegenüberstand. Tesdorpf ist es auch zu verdanken, daß der gesamte Keller-Jordansche Nachlaß in die bayerische Staatsbibliothek München zur Aufbewahrung gegeben wurde, da sich von ihrer Familie offensichtlich niemand dafür interessierte. Daß der Nachlaß dann fast ein Jahrhundert ungeordnet und unbearbeitet in der Staatsbibliothek liegen würde, war sicher nicht in Tesdorpfs Sinne, zeigt aber einmal mehr, wie leicht sich Leistungen und Werke, insbesondere von Frauen, negieren und vergessen lassen.

Da keine Biographie Henriette Keller-Jordans existiert, werde ich im folgenden versuchen, ihr Leben anhand des umfangreichen autobiographischen Manuskripts nachzuzeichnen. Dabei wird ein Hauptaugenmerk darauf zu richten sein, inwieweit ihre private und familiäre Situation ausschlaggebend für ihre spätere Karriere als Schriftstellerin war und umgekehrt, inwieweit die familiären bzw. gesellschaftlichen Verhältnisse einer solche Karriere im Weg standen. Damit wird das Leben dieser Schriftstellerin unter Umständen zum Paradigma für all jene schreibenden Frauen des 19. Jahrhunderts, die nicht das Glück hatten, ihre lyrischen, epischen oder autobiographischen Werke und Versuche der Nachwelt erhalten zu können.

4 Marburg um 1830. Blick auf die Stadt von der Augustenruhe aus.

V. Henriette Keller-Jordan

1. Die Kindheit in Marburg

Henriette Keller-Jordan wurde am 4. Juni 1835 in Marburg geboren.

"Meine Geburt fiel in eine glückliche Zeit, denn ich war die Erstgeborene in der zweiten Ehe meines Vaters und die Eltern genossen die wenigen stillen Jahre, die ihnen vor meines Vaters Gefangenschaft vergönnt geblieben. Dieser war damals Professor der Rechte an der Landesuniversität; seiner bewegten Deputiertenzeit am Kasseler Landtage hatte das Ministerium Hassenpflug gerade ein Ende gemacht. (...) Ich ahnte damals freilich nicht, daß in nicht allzulanger Zeit sein blasses Gesicht hinter dem Gitter des Thurmbaus am Marburger Schlosse sichtbar werden sollte, welcher ihn, mit kurzen Unterbrechungen, sieben lange Jahre beherbergte. Meine Kindheit war infolge dessen keine freudige. Ich sah täglich die Tränen meiner

> *Mutter und gewahrte von Jahr zu Jahr mehr, daß es ein schwarzes Verhängnis sein müsse, das über unserem Hause hing. Ich denke noch heute mit Grauen an die steinernen Kerker und die mit Eisenstangen verrammelten Thüren, wenn ich meinen Vater in seiner Zelle besuchte. Ich fürchtete mich, graulte mich krampfhaft an meiner Mutter Kleid und schloß die Augen bis ich an jenen geheimnisvollen Thüren vorüber war und der Gefangenenwärter mit dem großen Schlüsselbund die Zelle meines Vaters öffnete."*

Dies sind traurige Erinnerungen, mit denen Henriette Jordan ihren Lebensbericht beginnt. Die Gefangenschaft des Vaters Sylvester Jordan hat sich auf die Familie in fataler Weise ausgewirkt: Seine Frau entwickelte ein schweres Nervenleiden, das sie bis ans Ende ihrer Tage begleitete. Die vier älteren Kinder aus Jordans erster Ehe erkrankten alle an der Schwindsucht und starben innerhalb weniger Monate dahin, ohne daß der Vater ihnen hätte beistehen können. Ein solches 'Sorgenhaus' konnte auch den gesunden Kindern nicht die Geborgenheit bieten, die sie zum Aufwachsen benötigt hätten. Sie wurden früh in die Obhut von Kinderpflegerinnen gegeben, da die leidende Mutter ihren familiären Aufgaben nicht nachkommen konnte. Henriette erinnert sich:

> *"Ich mochte mit meiner (...) lebhaften Empfindungsart meiner nervenkranken Mutter oft lästig werden, denn man verbannte mich meist in die Kinderstube zu der Bonne, die mein kleines Schwesterchen und meine um vier Jahre ältere kranke Stiefschwester hütete. Aus demselben Grunde schickte man mich auch schon, als ich kaum vier Jahre alt war, in eine Privatschule, wo ich lesen, schreiben - und mit Nüssen rechnen lernte. Mein Eifer wurde durch den Vater angespornt, dem ich im Gefängnis meine Kenntnisse auskramen durfte und dessen Zufriedenheit das Höchste war wonach ich strebte. Es dauerte dann auch nicht gar zu lange, bis ich ihm die Zeitungen vorlesen durfte, wohl anfänglich recht holperig und ungeschickt - aber seine väterliche Liebe und Geduld überwandt alles. Meine Kindheit war einsam, denn die Kollegen meines Vaters, sowie ihre Frauen, mieden unser Haus, weil ein Verkehr mit unserer Familie ihre soziale und politische Stellung gefährden konnte."*

Das bedeutet, daß Jordans Familie in großer Isolation lebte und kaum auf Hilfe von außen hoffen durfte. Wenigstens der älteren Tochter Luise, die seit vielen Jahren leidend war, sollten diese schlimmen Verhältnisse erspart bleiben, und so verfügte Jordan vom Gefängnis aus, daß sie beim Großvater Wigand in Wetzlar aufwachsen solle. Dort starb das kranke Kind im Alter von 12 Jahren.

> *"Ihr Tod war der erste, den ich erlebte und der Eindruck auf mich machte. (...) Sie starb in Wetzlar beim Großvater Wigand, wohin sie mein Vater gegeben hatte, damit sie nicht - sensibel wie sie war -*

auch noch neben ihren Körperleiden durch seine Gefangenschaft litt."

Durch diese hinzukommenden Schicksalsschläge gestaltete sich die familiäre Situation Jordans immer unerträglicher. Die kleine Henriette begriff weder den Grund für des Vaters Gefangenschaft, noch den für die Krankheit der Mutter, sie wußte nur, daß es zu Hause "nicht war, wie es sein sollte."

"Oft weinte ich bitterlich und wußte nicht warum. Meine Eltern! Der arme Vater, den ich immer heißer und heißer zu lieben begann, der war dort oben in der Zelle - noch viel einsamer als ich - kein Sonnenstrahl erwärmte ihn, keine liebe Hand drückte die seine. (...) Es folgte dann eine traurige Zeit: Meine Mutter weinte viel und lag abgeschirmt auf ihrem Sofa, während mein ältester Bruder, der beinahe seine juristischen Studien absolviert hatte, dem Tode entgegenwankte. (...) Der Abschied an seinem Sterbebett hat sich mir, obgleich ich damals kaum neun Jahre zählte, tief und unvergessen in die Seele gezwängt."

Wie schwer dies alles, außer auf ihm selbst auch auf seiner Familie - und vor allem auf seiner zweiten Gattin Pauline Wigand - lastete, memoriert Sylvester Jordan in seinen "Wanderungen aus meinem Gefängnisse am Ende des Sommers und im Herbste 1839"

*"Ich flog in meiner Stimmung zunächst in mein Haus, das die theuersten Pfänder meines Herzens umschließt. Ich betrat zuerst meine Arbeitsstube, diese stumme Zeugin meiner Thränen, meiner Leiden und meiner Thätigkeit. Es war mir, als trete ich in ein Gemach, dessen Bewohner vor Kurzem zu Grabe getragen worden. Aufgeschlagene Bücher lagen auf den Tischen und auf dem Boden; den Schreibtisch bedeckte hoher Staub; die Uhr an der Wand tickte nicht; sie war längst abgelaufen, und die Hand, die sie sonst im Gange erhielt, war nicht im Hause. Halb ausgerauchte Pfeifen standen in den Ecken; die Schubladen des Secretärs waren theilweise geöffnet; Briefe, Papiere aller Art lagen in bunter Unordnung umher. Die Spinnen hatten ihre Herrschersitze ungestört in allen Winkeln aufgeschlagen. (...)
Ich ging in das Zimmer meiner Frau. Sie lag auf dem grünen Sopha, das von jeher ihre Leidensstätte war. Sie sah blaß, abgehärmt und abgemagert aus; sie hatte ein Hauskleid nachlässig umgeworfen und eine Nachthaube verhüllte die Unordnung der Haare. In der Gegend ihres Herzens hämmerte es laut und schnell, als würden Schmerzenskeile in dasselbe eingetrieben; bei jedem Schlage hob sich angstvoll ihre Brust, um einen lauten Seufzer auszustoßen, und jeder Seufzer presste aus den rothgeweinten Augen bittere Thränen, die über die abgebleichten hohlen Wangen hinabflossen. Düstere Schwermuth hatte sich in die Furchen gelagert, die der Kummer auf ihrer noch jugendlichen Stirn gezogen hat. Blick und Aufmerksamkeit waren an schreckhafte Gebilde der Phantasie gebannt, mit denen die Schläge des Herzens in Wechselwirkung standen. Hinter den Gebilden grinste*

> *die Verzweiflung hervor. Was ich bei diesem Anblicke fühlte, vermag keine Zunge auszusprechen, keine Feder zu beschreiben. Die wahre Liebe wird es ohne Worte nachfühlen, und Solchen, welchen sich der Himmel der Liebe nie erschlossen hat, würde eine Schilderung meiner Gefühle doch nichts frommen, wäre ich auch im Stande, diese in ihrem ganzen Umfange und in ihrer ganzen Gluth darzustellen. Man hat dieser schwachen, leidenden Frau mit mir Alles entzogen, so wie sie mir Alles ist. (...) Nahe am Sopha saß auf einem Fußschemel mein jüngstes Töchterchen, Paulinchen; es nähte emsig an einem bunten Läppchen, d. h. es machte mit einer eingefädelten Nadel unaufhörlich vergebliche Stiche. (...) Im stummen Schmerze empfahl ich dem Vater des Alls mein und der Meinigen Geschick und eilte davon"[20].*

Mit den vorangegangenen Zitaten ist ein familiäres Milieu umschrieben, das mit Sicherheit prägenden Charakter für die Persönlichkeitsbildung Henriette Jordans hatte. Das symbiotische Verhältnis zum Vater, das um so intensiver wurde, je mehr seiner Kinder wegstarben, ist unübersehbar. Obwohl ihm noch eine Tochter in seiner zweiten Ehe geboren wurde, die ihn überlebte, stand ihm Henriette am nächsten. Trotz seiner physischen Abwesenheit während ihrer frühen Kindheitsjahre war er ihr doch immer präsent, und sie identifizierte sich vor allem mit ihm und nicht mit der leidenden Mutter. In ihrer Autobiographie betont sie so unablässig die Liebe zum Vater, daß es dem Leser unmöglich verborgen bleiben kann, daß hier ein Verhältnis besonderer Art vorgelegen haben muß.

Diese Beobachtung deckt sich übrigens mit den neuesten amerikanischen Forschungen zum Thema "Frau und Karriere". Die Wissenschaftlerinnen Margaret Hennig und Anne Jardim haben beispielsweise herausgefunden, daß selbständige und erfolgreiche Frauen in der Regel die älteste oder einzige Tochter gewesen sind, wobei sie ein besonders intensives Verhältnis zum Vater verband: "Die Vater-Tochter-Beziehung gab der Kindheit dieser Frauen eine zusätzliche Dimension. Sie schenkte ihnen Aufmerksamkeit, Anerkennung, Belohnung und Bestätigung. Sie war eine zusätzliche Quelle des frühen Lernens, ein sehr frühes Mittel zur Erweiterung ihrer Erfahrungen, und mit ihrer Hilfe bauten sie ein Rollenvorbild auf, mit dem sie sich allmählich identifizieren konnten. Sie sagten zwar selten, ihr Vater habe ihre Entwicklungsrolle als Mädchen beeinflußt, erklärten aber, er habe zu ihrer Selbstdefinition als Mensch beigetragen. Für ihre Väter waren sie Mädchen. Sie waren jedoch Mädchen, die viel mehr konnten als gewöhnliche Mädchen"[21].

---

20   Jordan 1847, 72-74
21   Hennig/Jardim 1987, 83/84

5 Marktbrunnen und Blick in die Nikolaistraße um 1830 nach einem Ölgemälde eines unbekannten Malers.

Das trifft exakt auf Henriette Jordan zu.

"Mein Vater ging eine Zeit lang täglich, während einer Stunde, auf dem Speicher des Schlosses, unter Aufsicht eines Gefangenenwärters spazieren. (...) Wir Kinder, oder besser gesagt ich, die ich nachmittags noch keine Schule hatte, durfte ihn auf diesem Gange begleiten. Ich trottete stolz neben ihm her, als ob er ein König sei und dieser öde Raum das Prunkgemach eines Herrschers. Zuweilen hob er mich in die Höhe und gewährte mir aus einer der Luken den Ausblick auf das stille, reizvolle Landschaftsbild dort unten im Tale, durch welches sich die Lahn in malerischen Bögen schlängelte und die Ruine des Frauenbergs aus den dunklen Tannen und Büschen heraus so

müde und abgestorben in die Welt blickte. Er sprach dann Dinge zu mir, die ich nie vergessen habe, weil ich unbewußt fühlte, daß sie gut und ewig sein müßten und daß sie mein Vater aus einsam gereiften Ideen heraus zu seinem Kinde sprach, dem er etwas mitgeben wollte ins Leben, das weder Rost noch Motten verzehren konnten."

Wenn auch Sylvester Jordan - ganz im Geist der Zeit - die Karriere einer Frau allein in deren Eheschließung erblickte, so legte er dennoch für seine Tochter Henriette bereits in frühester Kindheit mit den Grundstein für deren schriftstellerische Entwicklung. Indem er sie - vielleicht in Ermangelung von Söhnen - als seine älteste Tochter ernst nahm, sich ihr zuwendete, ihr Privatunterricht erteilen ließ und ihr ein Gefühl von Einzigartigkeit vermittelte, baute er das Fundament für die Stärke, die sie später als 50-jährige unter Beweis stellen sollte.

Zunächst aber noch einmal zurück zu ihrer frühen Kindheit in Marburg. Hier wird

"an einem traurigen Weihnachtstage - an welchem eine ganz besonders dunkle Stimmung auf unserem Hause lag, meine jüngste Schwester Natalie geboren. Ich hatte noch niemals ein neugeborenes Kind gesehen und dieses kleine Wesen, inmitten weißer Kissen in derselben Wiege, die ich früher auf der Bodenkammer unter Gerümpel gesehen hatte, erschien mir ein Wunder. Ich konnte mich nicht satt an dieser lebendigen Puppe sehen, die mich unsäglich interessierte. (...) Ich wurde bald - da meine Mutter keinen Lärm ertrug, zurück ins Kinderzimmer gebracht. Sie war traurig, sehr traurig, denn man hatte meinen Vater kurz vorher wieder ins Gefängnis abgeführt und wartete nun auf das definitive Urteil, von dem man sich nichts Gutes versprach. (...) Ich habe diese Wintertage nie vergessen - niemals - auch nicht die Gedanken, die sich in mir regten - angstgequälte Gebilde, in denen ich anfing, das Leben zu begreifen in seiner ganzen wuchtigen Schwere, mit dem Verhängnis, das über unserem Hause lag. Sterbe- und Krankenbetten - Gefängnis und Jammer - mit der ganzen dunklen Atmosphäre, in der sie sich abgespielt -es waren zu schwere Eindrücke für ein Kindergemüt - die Narben davon sind mir geblieben.
Wir freuten uns daher, als die Ferien zu Ende waren und wir aus unserer Gefangenschaft befreit, mit den Schultaschen durch den Schnee waten durften und mit anderen Kindern den Tag verbringen. Ich lernte gern und interessierte mich für alles, die Schule war mir niemals Zwang und ich war lieber dort also zu Hause."

"Zu Hause": Das war das Haus Nikolaistraße 1 am Lutherischen Kirchhof inmitten der Marburger Altstadt. Dieses Haus hatte Jordan für seine immer größer werdende Familie gekauft, nachdem er zunächst von 1827 - 1833 in der Schwanapotheke bei S. Döring und danach ein Jahr im Haus des Bierbrauers Bopp gelebt hatte. Jordans Haus am Lutherischen Kirchhof war

6 Wohnhaus der Familie Jordan, Nikolaistraße 1. Aufnahme aus dem letzten Drittel des 19. Jahrhunderts. Links der Kerner an der Pfarrkirche.

nicht allzuweit von seinem Gefängnis entfernt und es befand sich in unmittelbarer Nachbarschaft zur Wohnung des Superintendenten Carl Wilhelm Justi, eines treuen Freundes der Familie. Da die Familie durch die Gefangenschaft Jordans stigmatisiert war und Freunde und Nachbarn kaum noch Kontakte zu ihr unterhielten, ist es der Tochter ganz besonders im Gedächnis geblieben, daß Justi oft zu Besuch kam und fest zu Jordan stand.

"Von den Wenigen, die damals unser Haus besuchten, erinnere ich zwei Charakterköpfe, die noch heute unvergessen in meiner Erinnerung stehen. Der Eine war ein namhafter Gelehrter und zugleich Superintendent der Lutherischen Gemeinde, Wilhelm Justi, der eine hessische Gelehrtengeschichte und bedeutende theologische historische Abhandlungen geschrieben hatte. Er war ein Freund meines Großvaters Wigand, arbeitete wohl auch für den Geschichtsverein, den mein Großvater gegründet hatte und interessierte sich warm für meines Vaters Prozeß. Ich hatte gewaltigen Respekt vor ihm, aber doch interessierte er mich, denn ich verließ nie das Zimmer wenn er da war, sondern setzte mich in meine Ecke hinter dem Ofen und wandte kein Auge von ihm. Er war viel älter als mein Großvater, ging schon etwas gebückt und hatte schneeweißes Haar. (...) Mein Großvater sprach mit ganz besonderer Verehrung von ihm und sagte mir wiederholt, daß Leute von so eminentem Wissen selten seien und daß man zu ihnen heraufschauen müsse und sie verehren.
Der zweite Freund, der uns sogar oft mit seiner Frau, trotz aller Ungnade, die ihm drohte, besuchte, war Prof. Thiersch - gleichfalls Theologe. (...) Er war besonders gut und mild mit uns Kleinen und immer, wenn er gegangen war, hatte ich das Gefühl, als habe er etwas Köstliches zurückgelassen. Ich habe noch heute das Bedürfnis, ihm für die guten Worte zu danken, mit welchem er so oft und so unermüdlich meine Mutter aufzurichten suchte, indem er die Bedeutung meines Vaters und dessen sittliche und moralische Größe hervorhob und sie trotz Allem glücklich nannte, mit ihm für die Sache des Rechts leiden zu dürfen. (...)
Unser stilles Haus. So oft ich an meine Kindheit denke, steht es vor mir - auf der Höhe der steilen Straße - nur mit der einen Seite an das Nachbarhaus gelehnt, sonst frei - ringsherum. Unser Haus mit seinem tiefen eckigen Schieferdach und grünen Wänden dem Winde preisgegeben, vor dem ich mich so oft in dunklen Nächten unter die Decke meines Bettes flüchtete! Er heulte und sauste da oben am Fuße des Schloßberges in allen Tonarten seines Registers und ich konnte lange nicht glauben, daß es nicht doch stimmen will, daß da Tiere oder böse Menschen seien, die des Nachts ihr Unwesen trieben. Gegenüber des Hauses stand die schmale Seite der Lutherischen Kirche, mit dem großen freien Platz, den eine selten schöne Platanenallee zierte. Von diesem Platz aus, den von zwei Seiten eine Mauer umgab, konnte man auf die Dächer der unteren Stadt sehen, das Leben in den engen Gassen der kleinen Leute beobachten, wie sie ihre Wäsche trockneten, ihre Kinder und Hunde wuschen (im Sommer geschah das gewöhnlich in den Straßen) und wie die Frauen zusammenstanden und über die schlechten Zeiten jammerten, über die steigenden Preise der Lebensmittel und über schlechten Verdienst

> *- dabei aber ihre Kinder stießen und pufften, falls sie diese parlamentarischen Erörterungen mit ihrer Ungeduld störten. Über den Dächern hinweg sah man indessen das stille weite Tal, das sich für meine Kinderaugen zu den Füßen der herrlich bewaldeten Berge bis in die Unendlichkeit dehnte. (...)*
> *Auch in unserem Hause fand ich stille Winkel, wo ich mich mit meinem Märchenbuch verkriechen konnte - ungesehen von Mutter und größeren Geschwistern, die dieser Leseleidenschaft mit Recht zu steuern versuchten. Wie oft saß ich auf der Bodentreppe im oberen Gang, die man nur sehen konnte, wenn man um die Ecke bog, die sie verbarg, und las und las. Ich hörte in damaliger Zeit von den Erwachsenen der Familie den Segen dieses Hauses loben, welches die Stadt meinem Vater für geringen Preis überlassen hatte, als er, schon kurze Zeit nachdem er mit meiner Mutter verheiratet war, einen Ruf nach Freiburg erhielt und man ihn um jeden Preis in Marburg behalten wollte. Man hätte ja meiner Mutter, während der Gefangenschaft meines Vaters kaum eine Wohnung vermietet - so scheu und feig waren die Menschen durch die willkürliche Handhabung der Gesetze in damaliger Zeit geworden."*

Die auf diese Art gesellschaftlich isolierte Familie schloß sich umso intensiver zusammen und es waren für das Kind Henriette die schönsten Stunden, wenn ihr Großvater Wigand aus Wetzlar zu Besuch kam, um seiner Tochter und ihrer Familie in dieser schwierigen Zeit beizustehen.

Paul Wigand wurde 1786 in Kassel als Sohn des Dichters und Hofarchivarius Karl Samuel Wigand geboren, dessen Mutter eine Schwester des bekannten Professors Gottsched in Leipzig war. Bereits auf dem Lyceum in Kassel schloß sich Paul Wigand in inniger Freundschaft den Brüdern Grimm an, eine Freundschaft, die das ganze Leben hindurch halten sollte. Wie diese studierte auch Wigand in Marburg Rechtswissenschaften bei Friedrich Carl von Savigny, dem er ebenfalls zeitlebens verbunden blieb.
Einen Ruf als Professor für deutsches Recht und Rechtsgeschichte an die Universität Marburg lehnte Wigand ab und wurde stattdessen Direktor des Reichskammergerichts in Wetzlar. Das dortige Archiv bot ihm unzähliges Material für seine wissenschaftlichen Forschungen, die vor allem der Geschichte und Rechtsgeschichte galten. In Kassel lernte er Sylvester Jordan kennen, dessen politische Ansichten er in allen Beziehungen teilte. Die älteste Tochter Wigands wurde dann die zweite Frau des verwitweten Sylvester Jordan. Vor allem während dessen Gefangenschaft bemühte sich Wigand, gegen das ihm zugefügte Unrecht anzukämpfen und seinem Schwiegersohn beizustehen. Die Enkelin erinnert sich:

> *"In der traurigen Zeit, die dann folgte, blieb Großvater Wigand unseres Hauses Schutz und Schirm. Er war der politische, geistige*

7 Die Brüder Grimm um 1850. Freunde des Großvaters Paul Wigand und politische Anhänger Sylvester Jordans.

und seelische Freund seines Schwiegersohnes und trat bei jeder Qual und Ungerechtigkeit, die man auf diesen häufte, für ihn ein"[22].

Um Jordan im Gefängnis aufzurichten, berichtete er ihm von Jakob Grimms Empörung über Jordans Prozeß:

"Meine ältesten Freunde sind die Grimms. Wir saßen schon 1799 zusammen in Quarta, zeichneten, fingen Schmetterlinge und trieben alles gemeinsam. Nach der Trennung hat unser brieflicher Verkehr nie aufgehört. Neulich schrieb mir Jakob: 'Nein, Deutschland kann nicht versinken, es wird sich wieder erheben, kräftiger als je, wenn auch ein paar Leidensjahre vorübergegangen sind. Hast Du Dich nicht auch erfreut am wackeren Benehmen unserer Hessen, die der sinnlose Hassenpflug in unendliches Leid stürzt? Aber die Vergeltung wird nicht ausbleiben!' (...)
So denkt Grimm von seinem Schwager und er ist seitdem auch öffentlich aufgetreten"[23].

Daß Wigand durch den Einsatz für seinen Schwiegersohn seiner eigenen Karriere schadete, liegt auf der Hand. So schrieb er am 25. April 1855:

"Ich arbeite immerfort, wiewohl ich nicht sehe, daß all mein Schaffen nur den geringsten Nutzen bringt und meine Zustände verbessert. Ohne alle Theilnahme, Anregung und Aufmunterung sitze ich hier unter lauter Dummköpfen, die nichts lesen und nichts wissen. Von auswärts werde ich zuweilen erinnert, daß ich etwas geleistet habe und daß mein Name etwas bedeutet. So erhielt ich in diesen Tagen wieder ein schmeichelhaftes Schreiben aus Paris und ein Diplom als Mitglied der 'Societe francaise pour la conservation et la description des monuments historiques'. Ich habe nun ein russisches, ein dänisches, ein holländisches, ein französisches und einige zwanzig bayerische und andere deutsche Diplome, aber kein einziges preußisches. So bestätigt sich doch immer das Wort: nullus propheta in patria. Sie denken: der gehört uns doch![24]

Seinen Lebensabend verbrachte Wigand in Wetzlar, Kassel und Marburg, wo er bis ans Ende unermüdlich tätig blieb. An Sylvester Jordan schrieb er:

"Dem Brockhaus habe ich Mehreres für seine Blätter und für das Konversationslexikon geliefert. Eine kritische Abhandlung über französische Urkunden erscheint in den Heidelberger Jahrbüchern, und Mittermaier hat mir darüber den freundlichsten, belobendsten Brief geschrieben. Damit noch nicht genug, kommt diesen Winter noch ein vaterländisches Drama: 'Heinz von Lüder' oder 'Hessentreue' in Darmstadt zuerst auf die Bühne. Der Großherzog hat mir selbst dafür danken und mich hoch beloben lassen. Er hat gesagt: 'Ich freue

---

22 Keller-Jordan 1908, 74
23 Zit. n. Keller-Jordan 1908, 74
24 ebenda, 75 f.

mich immer der Arbeit eines Mannes von Geist und Talent, der die Hessentreue in ein so schönes Licht in diesem dankbaren Stoff zu setzen wußte"[25].

In ihren Erinnerungen weiß Henriette Jordan nur Positives über diesen Großvater zu berichten:

"Glücklich machten mich auch stets die Besuche meines lieben Großvaters Dr. Paul Wigand. Er war Direktor am Reichskammergericht in Wetzlar und kam, so oft meine Mutter ihn in schwerer Zeit benötigte. Ich sah zu ihm in die Höhe, wie zu etwas Göttlichem! Er sprach klug und warm zugleich und hatte bis zu seinem Tode einen poetischen Zug, den ich unbewußt schon damals empfand. Da er zugleich mein Pate war (...) glaubte ich ein größeres Recht an ihn zu haben als meine übrigen Geschwister. Ich hörte auf alles, was er sprach und erinnere wie ich eines Tages den Mut faßte, als er in einem Gespräch mit meinem ältesten Bruder verschiedentlich das Wort Philister brauchte, ihn am Ärmel zu zupfen und ihn zu fragen: Großvater, was ist ein Philister? Er hörte nicht gleich und ich fragte lauter. Da wandte er sich um und sagte energisch: 'Viel frißt er, wenig liest er - der Philister.' Ich sagte mir die Worte solange vor, bis ich sie auswendig wußte und ihren Sinn verstand. Ich suchte nun in unserem Bekanntenkreise nach einem Philister - fand aber keinen. Sie lasen alle."

So wie die Gefangenschaft des Vaters die Kindheitserinnerungen Henriette Jordans bestimmte, so hat sich natürlich auch der Tag seiner Freilassung in ihr Gedächnis gegraben:

*"Endlich - endlich wurde mein Vater frei! Es war an einem warmen sonnigen Tage im Jahre 1845 - als mich unser Zimmermädchen plötzlich, mitten im Spiele auf dem Marktplatz, am Arm riß und atemlos keuchte: 'Schnell nach Hause, Dein Vater ist da - '
Mein Vater! Ich wollte fragen, aber ich erhielt keine Antwort. Das Mädchen stürzte mir voraus - ins Haus - wo ich dann die Tür zuwarf, daß die Glocke an derselben durch alle Gänge jubelte. Oben im Wohnzimmer hielt meine Mutter den Vater umfaßt und wir Kinder drängten uns an seine Knie. Ich erfuhr nun, daß er sich nie mehr von uns zu trennen brauchte, und reine Glückseligkeit bemächtigte sich unser Aller, die ich noch heute zu fühlen glaube. Wir waren eine glückliche Familie, glücklich in der Liebe, die uns verband, denn auch der theuren Toten wurde gedacht, als lebten sie noch unter uns. Und doch - das Kreuz - das in erster Linie meinem Vater - und dann auch uns auferlegt war, wurde im Laufe des Lebens immer schwerer und drückender - trotz aller Ehren, die mein Vater noch für eine Reihe von Jahren genießen durfte. Am Abende diesen unvergessenen Tages feierte die ganze Stadt mit uns. Nach der Musik und dem Gesang und dem Fackelzug, der schnell improvisiert wurde -*

---

25   Zit. n. Keller-Jordan 1908, 76

8 Oberer Markt, Mitte des 19. Jahrhunderts.
In der Nähe des Elternhauses gelegener
Spielplatz Henriette Jordans.

ließen sich die Studenten an Tischen auf dem Platze vor unserem Hause nieder, hielten Reden, tobten und jubelten ein Hoch nach dem anderen auf den endlich Befreiten. -
Leider zeigten sich nur zu bald die Folgen der langen Gefangenschaft und der seelischen und körperlichen Qualen, die damit verbunden gewesen waren. Mein Vater wurde schwer krank - lag lange Wochen zwischen Leben und Sterben und siedelte dann im Spätsommer mit meiner Mutter nach Frankfurt über, um in milderem Klima und vollständiger Ruhe langsam zu genesen. Wir Kinder kamen in Pension zu einem älteren Fräulein Namens Koch, die drei Nichten in unserem Alter bei sich hatte, mit denen meine Schwester Pauline und ich befreundet waren. Da tobten wir uns denn nach der Schulzeit gründlich aus - und ich erinnere, daß wenn Fräulein Koch in Gesellschaft ging, was oft der Fall war, wir über Betten, Tische und Schränke sprangen. Fräulein Koch war die Güte selbst, ließ uns mehr Freiheit, als es bei meiner Mutter der Fall war - und nie vergesse ich ihr gutmütiges Gesicht, wenn sie am Herd stand und kochte - und zu dem Kater in die Höhe blickte, der während der Zeit auf ihrem gekrümmten Rücken kauerte.

Was waren das glückliche Wochen, die wir da verlebten - frei und ungebunden, ohne den düsteren Hintergrund schleichenden Familienelendes, denn meines Vaters Leiden, das er aus langer Gefangenschaft mit in die Freiheit brachte - sollte ihn nie mehr verlassen. Aber fast noch schlimmer als das seine, war der zerrüttete Nervenzustand meiner Mutter, der wohl im Laufe der Jahre viel dazu beitrug, daß sich mein Vater nicht gründlicher erholen und bessern konnte als es der Fall war."

2. Jungmädchenjahre in Frankfurt und Kassel

Als die Familie Jordan Marburg im Jahre 1848 verließ, um nach Frankfurt zu gehen, war Henriette 13 Jahre alt. Jordan ging natürlich nicht nur des besseren Klimas wegen nach Frankfurt, sondern weil man ihn dort zum Vizepräsidenten des Vorparlaments gewählt hatte. Er wurde dann Gesandter Kurhessens beim Deutschen Bund, außerdem zum Geheimen Legationsrat ernannt und in die Nationalversammlung gewählt. In Frankfurt erlebte die Familie nun einen plötzlichen sozialen Aufstieg, nachdem sie vorher in Marburg wegen Jordans Gefangenschaft noch geächtet worden war. Jetzt aber bereitete man ihm einen Empfang, "den V. Valentin mit dem 'Einzug eines triumphierenden Volksfürsten' verglich. Seine Popularität und sein hohes Ansehen als einer der 'Freiheitsmänner' des Vormärz kommen darin zum Ausdruck, daß er in der ersten Sitzung der 'vorberathenden Versammlung für ein deutsches Parlament' am 31.3. zu einem der vier Vizepräsidenten gewählt wurde"[26].

Die neue gesellschaftliche Anerkennung, die die Familie so lange hatte entbehren müssen, wirkte sich freilich in mehrfacher Weise positiv aus. Jordan selbst konnte sich nun auch um die Ausbildung seiner Töchter kümmern und gab sie in ein hervorragendes Mädchenpensionat, in dem eine äußerst gediegene und umfassende Bildung garantiert wurde.
Henriette erinnert sich:

"Wir Kinder waren glücklich. Selbst der Tod schien vergessen, der wenige Wochen nach Vaters Freisprechung auch seinen letzten Sohn erster Ehe im achtzehnten Jahre hinweggerafft hatte. Zum ersten Male sollte ich die Welt in jener Form sehen, nach der ich aus der Gefängniszelle meines Vaters so oft geblickt hatte und die mich zu träumen angeregt. (...) Kinder lieben Veränderung und ich schied mit einer Unverfrorenheit von Marburg, als wären mir die alten Häuser, bucklingen Straßen und romantischen Berge nicht bis ins Herz hinein gewachsen. Selbst der Abschied von meinen Kameradinnen wurde mir leicht und ich sah mit einem gewissen Gefühl von Mitleid auf sie herab, weil sie in den alten Verhältnissen bleiben mußten und nicht dem Strom der Zeit folgen durften. Ich lebte in einer Art von Rausch, die Verehrung und Begeisterung, die man meinem lieben Vater entgegenbrachte, dessen Haar das Gefängnis gebleicht, das neue Leben, das seine blassen Züge durchgeistigte - alles das machte mich glücklich und hoffnungsvoll und ich begriff meine Mutter nicht, die in ihrer meistens düsteren Stimmung Allem ein "aber" entgegensetzte. 'Du wirst noch gehörig lernen müssen', sagte sie um meine Freude zu dämpfen. (...) Mein Vater war nach Kassel gereist, er hatte schon im März die Wahl zum Landtag angenommen und mußte dort zur Einberufung des Parlamentes bleiben. Inzwischen wollte meine Mutter

---
26 Kleinknecht 1983, 165 f.

9 Die Paulskirche in Frankfurt am Main 1848.
Lithographie eines unbekannten Künstlers.

die Wohnung herrichten, welche die Eltern in der Eschenheimer Allee gemietet hatten. (...) Das Haus war für die damalige Zeit schön und elegant, ein großer, schöner Garten umgab es, in welchem Traubengänge und eine lange, sonnige Mauer mit Pfirsichen und Reineclaudes meine Kinderaugen entzückten. Ich sprang in den großen Zimmern herum, betrachtete die neuen Möbel und wunderte mich, wie selbst die alten Sachen in diesen vornehmen Räumen sich verschönten. Unten im Parterre hatte mein Vater, gegenüber dem Gesandtschaftssecretariat, seinen eigenen Salon, nebst Arbeitszimmer, neben der Haustüre hatte der Bedienstete, unser unvergessener 'Konrad' sein Zimmer und von da aus beobachtete und bediente er meinen Vater mit einer Liebe und Sorgfalt, die etwas Rührendes hatte. Im ersten Stock war meiner Mutter Salon - Wohn- und Esszimmer, sowie ein Arbeits- und ein Schlafzimmer für meine Schwestern und mich."

Hier beschreibt Henriette Jordan eine großbürgerliche Wohnsituation par excellence. Ganze Zimmerfluchten mit dem dazugehörenden Dienstpersonal waren das standesgemäße Ambiente einer Bildungsbürgerfamilie um die Jahrhundertmitte. Daß damit gleichzeitig der soziale Aufstieg eines Schuhmachersohnes dokumentiert ist, sei hier nur am Rande vermerkt. Allerdings darf angenommen werden, daß sich bestimmte psychologische Brüche, wie sie bei einer Aufsteigerpersönlichkeit zum Tragen kommen, auch auf die Jordansche Familienstruktur ausgewirkt haben. Nach außen hin existieren alle Zeichen des erhobenen, saturierten Bürgertums, ohne jedoch die Dissonanzen im Innern der Familie verdecken zu können. Die Nervenkrankheit seiner Frau darf Jordan sicher nicht als Schuld angerechnet werden, dennoch ist sie als Symptom psycho-sozialer Prozesse zu begreifen. Da Pauline Jordan, geborene Wigand, selbst keine Memoiren hinterlassen hat und wir über sie nur aus zweiter Hand - über ihre Tochter Henriette - etwas erfahren, können die sie krank machenden Mechanismen nicht geklärt werden. Dennoch liegt auf der Hand, daß es sich um ein Frauenschicksal handelt, das von seiner patriarchalen Umwelt in die Enge getrieben war: Selbst noch ein halbes Kind, wurde sie an einen Witwer mit vier unmündigen Kindern verheiratet, denen sie die Mutter ersetzen sollte. Ihr Ehemann, Sylvester Jordan, stand gleichzeitig auf dem Höhepunkt seiner politischen und wissenschaftlichen Karriere und ließ sich davon auch durch familiäre Angelegenheiten nicht abbringen. Als Sohn eines Schuhmachers war ihm dieser Aufstieg nicht an der Wiege gesungen worden und deshalb galt es erst recht, ihn zu erhalten und zu verteidigen. Daß er als Aufsteiger zu allen Zeiten mehr leisten mußte als seine Konkurrenten, hatte ihn das Leben hinreichend gelehrt. Seine Ehefrauen mußten ihm dafür den Rücken freihalten, womit höchstwahrscheinlich beide überfordert waren. Die erste Frau half ihm, sein Studium zu finanzieren, gebar in rascher Folge vier Kinder und starb früh; die zweite wurde schon in den ersten Ehejahren nervenkrank - offensichtlich als Folge der permanenten Überforderung. Außer daß sie seine vier Kinder erster Ehe zu versorgen hatte, gebar sie selbst noch drei Töchter, die sie dann mehr oder weniger alleine aufziehen mußte, weil ihr Mann sechs Jahre lang inhaftiert war. Als wäre dies nicht genug, hatte sie noch während der Zeit seiner Haft die vier Stiefkinder zu Grabe zu tragen, ohne daß ihr jemand beistehen konnte. In späteren Jahren begrub sie noch zwei der eigenen Kinder und es darf daher nicht verwundern, daß sich ihr krankes Nervenkostüm nie mehr aufrichtete. War auch der Tod noch im 19. Jahrhundert allgegenwärtiger als heute, so kann es dennoch kaum erträglich gewesen sein, ihn in derart geballter Form hinnehmen zu müssen. Für Frauen kam noch verstärkt hinzu, keine Sublimations- bzw. Kompensationsmöglichkeiten zu haben. Ganz auf den innerfamiliären Bereich verwiesen und ohne Aktionsmöglichkeiten in der gesellschaftlichen Außenwelt, blieb vielen nur die Flucht in die Krankheit. Ein halbes Jahrhundert später sollte Sigmund Freud genau an diesem Punkt seine bahnbrechenden Erkenntnisse ansetzen und die uns heute so bekannten Erklärungszusammenhänge liefern[27].

Unter solchen gesellschaftlich-patriarchalen Bedingungen im Allgemeinen und den beschriebenen familiären Bedingungen im Besonderen wuchs nun die dreizehnjährige Henriette mit ihren zwei jüngeren Schwestern in Frankfurt heran.

> *"Ich selbst wurde bald nach unserer Ankunft in Frankfurt in ein damals sehr renommiertes Institut gethan, in dasjenige von Fräulein Kiefhaber, im sogenannten Rothen Hof. Man lernte da, wenn man wollte, vorzüglich in jeder Beziehung und der Gedankengang erweiterte sich, auch durch die Französinnen, die in jeder der Klassen die Aufsicht führten und die Schülerinnen zwangen, nur französisch zu reden. Für mich war dieser Übergang in eine neue Welt ein schmerzlicher. Ich konnte mich nicht an die Art der vielen protzigen Frankfurter Kaufmannstöchter gewöhnen und bekam gründliches Heimweh. Ich sagte zu Hause nichts, aber ich litt grenzenlos. Meine einfachen Kammeradinnen von der kleinen Universität Marburg waren Töchter von Professoren oder höheren Beamten gewesen, man gab da nichts auf Kleider und Wertschätzung äußerer Verhältnisse, hielt aber dafür auf andere Dinge. (...) Ich zählte die Stunden bis zum Samstagnachmittag, wenn unser Conrad kam, um mich für den Sonntag nach Hause zu führen mit fiebernder Ungeduld. Und dort angekommen, lief ich in den Garten, setzte mich auf eine kleine Bank am Ende des Weintraubenganges und dachte an Marburg. An unser Haus, an die goldene Freiheit auf der Straße, an den Friedhof, auf dem meine Geschwister und Emilie schlummerten und an die Platanenallee auf dem lutherischen Kirchhof, wo ich so oft über die Mauer gebeugt in das weite, schöne, zauberische Tal geschaut. Meine Eltern hatten das wohl bemerkt, aber rührten wohlweislich nicht an diese Gefühle. (...) Mit der Zeit wurde es besser, nur die Liebe zu Marburg blieb und es ist mir, auch in späterer Zeit, niemals eine andere Stadt so lieb geworden, wie dieses kleine bucklige Nest."*

Obgleich Henriette ihr Aufenthalt in dem Mädcheninstitut nicht gefiel, ermunterte sie der Vater, durchzuhalten. Es lag ihm daran, daß seine älteste Tochter eine gediegene Ausbildung erhielt und dieser wiederum lag daran, den heißgeliebten Vater nicht zu enttäuschen. Sie hätte gern mehr Zeit mit ihm verbracht, doch da dies nicht möglich war, stürzte sie sich in die Arbeit.

> *"Vater war immer beschäftigt und ich zu wenig zu Hause, meine Schwester Paula besuchte, da sie durchaus keine Freude am Studium hatte, eine einfachere andere Schule und in dem Institut, wo ich war, fand ich kein Verständnis. (...) Mit der Zeit aber wurde*

---

27 Freud 1953

das alles besser; ich gewöhnte mich an die größere Stadt, lernte ihre Vorzüge schätzen, und hatte überhaupt so viel mit meiner Arbeit im Institut zu thun, daß ich wenig dazu kam, an mich selbst zu denken. (...) Ich ging gern ins Institut, lernte mit Vergnügen, nahm an freien Nachmittagen noch Musikstunden und Stickunterricht. (...) Eine meiner liebsten Beschäftigungen während der Ferien war es, mich in Vaters Bibliothek, die hinter der Gesandtschaftskanzlei lag, zu flüchten und zu lesen. (...) Besonders war es Goethe, der mich tagelang fesselte und wenn ich auch längst nicht alles verstand, so blieb mir doch genug, über das ich nachdenken konnte. (...)
Als der Sommer wiederkam, hatte auch das Parlament sein bekanntes trauriges Ende gefunden. Der Bundestag hatte sich schon vorher aufgelöst und somit war auch meines Vaters Thätigkeit ein Ziel gesetzt. Die Reaktion begann wieder leise ihre Schatten zu werfen und von den hochgeschworenen Träumen des Jahres 48 hatte sich kein einziger erfüllt. (...) Es wurde also beschlossen, nach Kassel zu ziehen und die Dinge abzuwarten, denn noch konnte man nicht an die völlige Finsternis glauben, die sich vorzubereiten begann.
Meine Mutter wünschte, da sie aus mir durchaus keine Gelehrte machen wolle, wie sie wiederholt sagte, daß ich das Institut (...) verlassen möchte. Statt meiner wurde meine Schwester Paula für ein Jahr dort untergebracht - und ich sollte meine Eltern nach Kassel begleiten. (...) Mein Vater war sehr niedergedrückt über die politischen Verhältnisse und die Zerrissenheit, die immer mehr und mehr unter den verschiedenen Parteien im Parlament fühlbar geworden war. Auch er hatte in Frankfurt keinen rechten Fuß gefaßt und wir freuten uns im Geheimen, wieder in die engere Heimat, unser geliebtes Hessenland, zurückkehren zu dürfen."

Wieder einmal diktierte die politische Karriere des Vaters den weiteren Werdegang der Familie Jordan. So wurde Henriette, die begabtere der beiden Töchter, kurzerhand aus dem Institut genommen, da die Mutter aus ihr "durchaus keine Gelehrte machen" wollte. Henriettes Identifikation mit dem Vater, den es in Frankfurt nicht länger hielt, war aber so stark, daß sie sich widerspruchslos in die neuen Verhältnisse fügte. Zunächst verbrachte sie noch ein paar Wochen in Marburg bei einer befreundeten Familie, um dann mit den Eltern nach Kassel zu gehen. Was Henriette in Kassel erwarten würde, war vollkommen unklar und offensichtlich der Diskussion nicht wert. Die Eltern hatten sie dort weder an einer neuen Schule angemeldet noch war an eine Berufsausbildung gedacht worden. Die elterlichen Vorstellungen gingen wohl allein dahin, sie in den besseren Familienkreisen Kassels einzuführen, bis sie den adäquaten Ehepartner gefunden haben würde. Henriette hat dazu notiert:

"Meine Eltern wurden am Bahnhof in Marburg, wo auch ich mich mit meinem Gepäck zu ihnen gesellte, von unseren alten Freunden herzlichst begrüßt. Mein Vater sah blaß und angegriffen aus - der Anblick des Schlosses, in dem er sieben Jahre geschmachtet hatte, mochte ihn wohl angegriffen haben und alte Schmerzen aufgewühlt.

> *Auch die Hügel auf dem Kirchhof - an dem der Zug vorübergebraust - redeten eine traurige Sprache, die nur er verstand. Da ruhten seine erste Gemahlin - seine hoffnungsvollen Söhne - seine Tochter! Aus dem Grunde hatte er wohl auch die Einladung der alten Freunde in Marburg, einige Tage bei ihnen zu verweilen, abgelehnt. Meine kleine Schwester Natalie, die neun Jahre jünger war als ich - und an der ich mit ganz besonderer Liebe hing, war glücklich, mich wiederzusehen und versicherte mir tausend Mal, wie froh sie sei, daß Paula im Institut in Frankfurt geblieben und nicht ich. Wir waren unterwegs im Anblick der neuen Landschaft ausgelassen und kindisch und mehr als einmal mahnte mich meine Mutter, vernünftig und gesetzt zu sein, ich sei jetzt 15 Jahre alt und kein Kind mehr.*

Diese Auffassung entspricht ganz dem Geist der Zeit. Eine 15-jährige galt bereits als Heiratskandidatin und nicht mehr länger als Kind, wie wir heute aus unzähligen Beispielen aus der Biedermeierzeit wissen. Henriette Herz zum Beispiel, die berühmte Berliner Salondame, heiratete bereits mit 15 Jahren und es galt als allgemein üblich, ab dem 14. oder 15. Lebensjahr nach einer 'guten Partie' Ausschau zu halten[28]. Unterricht und Bildung der Mädchen waren beschränkt. "Wohl hatten die Steinschen Reformen kommunale Schulverwaltungsorgane für Stadt und Land geschaffen, aber ein verpflichtender Schulbesuch für Mädchen war keineswegs damit verbunden. Wohlhabende Eltern schickten ihre Töchter in Pensionate oder ließen sie weiterhin neben den Brüdern von Privatlehrern unterrichten. Die Hauptrolle spielte immer noch der Handarbeitsunterricht"[29]. Oder, wie Margret Kraul es formuliert: "Weibliche Bildung ist nicht in der männlichen Sphäre verankert, wo sich Allgemeinbildung als Abarbeitung an Welt konstituiert, sondern in einer Sphäre der naturgegebenen Einheit, wo die Frau, selber ganz Natur, aufnehmend und empfangend tätig sein kann. (...) Ein derart konzipiertes Frauenbild kann in der Familie realisiert werden und braucht keine Öffentlichkeit"[30].

Daß selbst ein revolutionärer Kopf wie Sylvester Jordan hier keine Ausnahme machte, spricht für sich. Ziel aller Mädchenerziehung war und blieb die günstige Versorgung durch eine angemessene Heirat. "Daß nur die Eheschließung dem weiblichen Wesen einen Erwachsenenstatus vermittelte und aus dem 'Fräulein'-stand befreite, galt für die Biedermeierzeit verstärkt als geltende Norm"[31].

---

28 Morgenstern 1883, 93 ff.
29 Weber-Kellermann 1983, 54 f.
30 Kraul 1988, 50
31 Weber-Kellermann 1983, 56

Henriette Jordan erinnert sich, daß sie, als sie nach Kassel kam, zunächst ihrer Mutter bei der Einrichtung der neuen Wohnung behilflich war,

> *"während mein Vater ein Programm für mich ausklügelte, wie sich am besten meine weitere Ausbildung handhaben ließ. Er hatte keinen Sohn mehr und erfreute sich an meiner Wissbegierde, der nichts zu schwer und unerreichbar schien. Meine Mutter wollte indessen eine gute Hausfrau aus mir machen und hielt die Zügel nach dieser Seite hin stramm. Sie war beleidigt, wenn mein Vater meinte, daß Kochen doch keine Kunst sei und daß alle diese Arbeiten sich ohne großen Zeitaufwand erlernen ließen. Vorläufig jedoch sollte ich etwas pausieren - mich eine kurze Zeit mit dem Haushalt beschäftigen und dann, wenn meine Schwester aus dem Institut kommen würde, sollten wir gemeinschaftlich in die Welt eingeführt werden und nebenbei durch weiteren Unterricht unseren Gesichtskreis erweitern."*

Das vorangestellte Zitat bringt noch einmal zum Ausdruck, was eine junge Frau um die Mitte des 19. Jahrhunderts - selbst wenn sie dem fortschrittlichen Bildungsbürgertum entstammte - in Bezug auf ihr eigenes Fortkommen zu erwarten hatte. "In die Welt eingeführt werden" und "nebenbei durch weiteren Unterricht den Gesichtskreis erweitern", das war das Optimum, das man ihr zubilligte.

Am deutlichsten hat dies wohl der konservative Sozialpolitiker Wilhelm Heinrich Riehl (1823 - 1897) in seinem Familienbuch von 1855 artikuliert. Über die Bildung der Frau äußert er folgende Ansicht: "Eine Frau mag in künstlerischer und wissenschaftlicher Bildung ihren Geist aufs reichste entfalten; aber diese Bildung soll ihr nur in seltenen Ausnahmefällen Selbstzweck sein, die Frau soll nur ganz ausnahmsweise Profession davon machen. Dann wäre aber solche Bildung nur ein müßiger Putz des Geistes? Keineswegs. Der Mann, die Familie, die Freunde, die ganze Umgebung einer Frau werden mittelbar die reichsten Früchte edler, durchgebildeter Weiblichkeit ernten. Herrschen soll die Frau, indem sie dient, den Mann aus seiner Beschränkung herausreißen, indem sie sich selbst beschränkt, Einflüsse üben, wo sie nur Einflüsse zu empfangen scheint. Das glänzendste Beispiel solch echt weiblicher Wirksamkeit in den höchsten Ebenen des Geisteslebens gibt uns die neuere Kulturgeschichte in dem Verhältnis der Freundin Goethes, Charlotte von Stein, zu dem Dichter... Sie hat Teil an der Unsterblichkeit des Poeten, den sie bestimmte, indem sie sich von ihm bestimmen ließ; und indem sie im Hause blieb, ist sie doch auch vor die Nation getreten, und ihr Name wird genannt werden, solange man Goethes Namen nennt"[32].

---

32 Riehl 1889, 86 f.

"In diesem Passus offenbart sich", so Weber-Kellermann, "das Leitbild von der 'dienenden Frau', das z. T. bis heute Geltung bewahrt hat. Die Vorstellung von der geheimen, durch selbstloses Dienen erlangten Herrschaft paßte in jene von Männern bestimmte Welt und hat sicher tatsächlich vielen Frauen zum trostreichen Maßstab gedient. Sie paßte aber auch in jene verlogene Szene, in der man sich nicht mit offenen Visier begegnete, sondern stets die biblische These von der Ungleichheit der Geschlechter zuungunsten der Frauen vertrat. (...) Die weiblichen Lebensläufe wurden mit völlig anderen Augen gesehen und eingeschätzt als die männlichen. Eine 'alte Jungfer' konnte in dem damaligen System ihr Leben gewissermaßen als 'verfehlt' betrachten, während ein alter Junggeselle auf dem gesellschaftlichen Parkett durchaus nicht verpönt, sondern sogar sehr beliebt war. Es verschärfte sich also die Rollenteilung der Geschlechter nicht nur im Hinblick auf den Bereich der Tätigkeiten, sondern auch auf das subjektiv-menschliche Bewußtsein ganz allgemein, und das 19. Jahrhundert ist zunehmend in seiner zweiten Hälfte erfüllt von einem ständig wachsenden, durch keinerlei wirtschaftliche Basis legitimierten Patriarchalismus, der sich vor allem auch in den Rechtsordnungen niederschlug"[33].

Sylvester Jordan ist zwar der Ansicht, daß sich Kochen nebenbei erlernen ließe, doch bringt ihn dies nicht gleichzeitig zu der Einsicht, daß er seiner Tochter ein handfestes Studium ermöglichen müßte. Zur Untermauerung selbständiger Lebenspläne Henriettes wäre ein solches unabdingbar gewesen. Waren Frauen auch noch nicht zum Studium an Universitäten zugelassen, so war es doch immerhin möglich, den Lehrerinnenberuf zu ergreifen oder vielleicht sogar ein eigenes Bildungsinstitut aufzubauen und zu führen. Doch einen Beruf auszuüben, galt nach wie vor als Lückenbüßerei. Das oberste Ziel war die Verheiratung, und eine Tochter, die arbeitete, vermittelte den Eindruck, daß es die Familie womöglich finanziell nötig habe. Welche gut situierte Familie wollte dies schon auf sich sitzen lassen? In dieser Frage war offensichtlich auch ein Sylvester Jordan nicht emanzipiert genug und die Tochter selbst hatte nicht die Möglichkeit zur freien Entscheidung. Dieses Schicksal teilten im 19. Jahrhundert fast alle Mädchen der höheren sozialen Schichten; doch ließ die bürgerliche Frauenbewegung nicht mehr länger auf sich warten, um genau an dieser Frage, der Bildungsfrage, mit ihren Verbesserungen anzusetzen.

Zunächst noch ein typisches Beispiel für die gesellschaftlichen Schranken, denen Frauen sich zu unterwerfen hatten: Wie sich die Erzählerin, Publizistin und Streiterin für die Frauenbewegung Lily Braun (1885-1916) in

---

33   Weber-Kellermann 1983, 141 f.

ihren "Memoiren einer Sozialistin" erinnert, wurde auch sie nur aufgrund ihres Geschlechts von einer gründlichen Ausbildung ferngehalten. So gibt sie folgende Äußerung ihres Vaters wieder: "Wie ein Vorwurf ist das für mich, - daß ich nicht besser für Dich sorgte! Wärst Du ein Mann, so hätte ich dich schon auf Wege geführt, die einen Lebensinhalt gewährleisten, aber so - du bist nur ein Mädchen - nur für einen einzigen Beruf bestimmt, - alle anderen wären doch nichts als traurige Lückenbüßer"[34].

Der 15-jährigen Henriette blieb keine andere Möglichkeit, als sich in der Frage ihrer weiteren Zukunft ganz vom Vater leiten zu lassen. Zunächst füllte sie ihre Tage mit Handarbeiten, Lesen und Besuchen bei Freundinnen aus. Henriettes Mutter, der unter normalen Bedingungen die Aufgabe zugefallen wäre, sie in die Gesellschaft einzuführen, fiel wegen ihres Nervenleidens aus. Die Tochter erinnert sich:

"Als es dann endlich Frühling wurde, hatte ich Farbe und Appetit verloren und mein Vater überlegte mit dem Arzt, was zu tun sei. Da meine Mutter sich durchaus weigerte, Besuche zu machen und in der verzweifelten Angst lebte, entschloß sich mein Vater, mich in einige Familien einzuführen, wo junge Mädchen waren; ich bekam einen Logenplatz im Theater, erhielt französischen, englischen und Musik-Unterricht und wurde sogar an meinem nächsten Geburtstag mit einem neuen Piano überrascht. Mein guter Vater! Niemals habe ich seine Fürsorge, seine Liebe und Güte vergessen!"

Jordan konzentrierte nun einen Großteil seiner Aufmerksamkeit auf diese einzig ihm noch verbliebene, älteste Tochter Henriette. Die nur wenig jüngere und zunächst noch im Frankfurter Mädcheninstitut gebliebene Paula war innerhalb weniger Wochen an einem plötzlichen Lungenleiden gestorben. Nun gab es nur noch Henriette und die kleine Nachzüglerin Natalie - fünf weitere Kinder hatten die Eltern bereits zu Grabe getragen. Der Gesundheitszustand der Mutter ließ erst recht keine Besserung mehr erhoffen:

"Selbst die quälerische Stimmung meiner armen Mutter konnte (meine Freude) nicht ganz verdrängen, obschon ihr Zustand mir die unglaublichsten Entbehrungen auferlegte. Ich sollte sie nie weiter als bis zur nächsten Straße verlassen - wenn ich es aber doch einmal tun würde - dann sollte ich sie betrügen und es ihr vorenthalten. Das ging mir aber contre coeur, das habe ich niemals fertiggebracht. Selbst wenn ich ihr sagte, ich ginge zu meiner Freundin Luise, der Tochter eines Generals, der uns gegenüber wohnte, und ich nachher doch weiter mit ihr spazieren gegangen war, verschwieg ich es nicht. Vielleicht war es unklug, aber es lag nun einmal nicht in meiner Art.

---

34   Braun 1909, 374

> *Da mein Vater Freude daran hatte, mit mir über alles Mögliche zu sprechen und auch wohl einsah, daß er bei dem momentanen Leben in unserem Hause meine Gedanken am Besten auf Dinge richtete, die sich mit demselben vertrügen, so machte er mir den Vorschlag, täglich von 10.00 bis 12.00 mit ihm französische und englische Klassiker zu lesen und Deutsche Literatur, Philosophie und Geschichte zu treiben - und so geschah es! (...) Ich kann es nicht aussprechen, wieviel Genuß ich daran hatte und wie Vieles mein Vater in mir anregte und förderte."*

Allerdings mündeten diese Bildungsbestrebungen nicht in einen Beruf, durch dessen Ausübung Henriette ein unabhängiges Dasein hätte führen können, sondern sie sollten lediglich dazu dienen, ihren Wert auf dem Heiratsmarkt zu erhöhen.

Was noch alles angestellt werden mußte, um die Töchter 'unter die Haube' zu bringen, mag folgendes Zitat belegen:

> *"Mit dem Umzug in unsere nun schönere Wohnung in der Kölnischen Straße, die damals die bevorzugteste der Stadt war, begann für mich eine neue Lebensepoche. (...) Ich verkehrte ausschließlich mit Erwachsenen und wurde durch meine neuen Freundinnen mehr in das gesellschaftliche Leben gezogen. Sie waren alle sehr zuvorkommend und liebenswürdig gegen mich und ich fand sie viel sympathischer als die jungen Mädchen im Institut in Frankfurt. Wir arrangierten mit Beteiligung unserer Mütter einen Kranz, der Allwöchentlich von Haus zu Haus ging und in dem wir frohe, glückliche Jugendstunden verlebten (...)*
> *In dieser Zeit war es, als ich zuerst zur Feder griff. Ich schrieb ganz still und heimlich einen langen Roman - eine unglaublich tragische Geschichte, in der ein junges Weib, namens Atenée hinsiecht an einer stummen verzehrenden Liebe zu einem Anderen. Der Geliebte, der es erst kurz vor ihrem Tode erfährt, daß er geliebt wird, stirbt - (wie konnte es eine 17-jährige Mädchenphantasie der damaligen Zeit anders ausdenken) - auf ihrem Grabe. Ich hatte das dumpfe, gesunde Gefühl, daß diese Geschichte nicht den geringsten Wert habe, las sie daher keinem Menschen vor und habe sie schließlich verbrannt."*

Endlich war dann das Ziel, um das das ganze Denken der Familie kreiste, erreicht. Selbst eine entfernte Verwandte war in die Heiratspläne eingeweiht und mühte sich redlich, das Ihre zu tun. Doch die Reise, auf der Henriette die pläneschmiedende Tante begleiten sollte, kam nicht zustande, da sie stattdessen mit den Eltern in ein nahegelegenes Bad fahren mußte:

> *"Wir gingen also am ersten Mai nach Wolfsanger, die ganze Familie, sogar das Zimmermädchen. Gerne ging ich nicht mit, das gestehe ich, denn Pflege brauchten meine Eltern keine, sie waren nicht krank, sondern nur leidend - und ich sollte zwischen diesen kurenden Menschen herumbummeln, ihre Krankengeschichten hören, (...) und*

10 Kassel. Herkules mit Kaskaden im Park
Wilhelmshöhe. Stich von Friedrich Schroeder.

was der Dinge mehr waren - das war nicht verlockend. Ich hatte mich mit Büchern bewaffnet und konnte Boot fahren, das waren die beiden einzigen Lichtpunkte - auch hier und da einen erholsamen Lauf in den nahen Wald machen.
Wir waren noch keine 8 Tage dort, als mich der Doctor mittags, während ich dem Boot entstieg, auffing und mir zurief: 'Etwas für Sie Fräulein Jordan, ein Mexikaner ist angekommen.'
'Ein wirklicher Mexikaner?' fragte ich interessiert.
'Nein, ein Deutscher, der aber seit 15 Jahren in der Hauptstadt der Azteken weilt.'
Mich interessierte selbstverständlich dieser Mexikaner, wie er von Allen genannt wurde und von dessen Eleganz man sich bis zu den Badedienern und Dienerinnen erzählte. 'Sogar einen echten Samtschlafrock mit Schnüren und seidenem Futter hat er', sagte mir unsere Zofe, als sie mich am anderen Morgen frisierte.
Der Mexikaner sah indessen ganz europäisch aus - groß, blond, schlank - ein schöner Mann von 34 Jahren. Mich interessierten am meisten die Erzählungen seiner Reisen, er sprach gut und gebildet und verstand es, die Menschen für sich einzunehmen.
Mit ihm kam Leben in die Gesellschaft - und da außer mir noch 5 - 6 junge Mädchen und einige junge Frauen da waren, wurde sogar abends getanzt. Der Mexikaner konnte auch famos tanzen. Bei

schönem Wetter veranstaltete er Partien und zeichnete mich vor Allen aus.
Als er mir indessen einige Wochen später, auf einer Waldpartie, wir waren den übrigen etwas voraus, eine Liebeserklärung vulgo Heiratsantrag machte - war ich so verblüfft, daß ich nichts zu sagen wußte - ich machte allerlei Vorwände und stotterte schließlich, es ginge nicht.
Acht Tage weiter - er hatte mich inzwischen mit allen möglichen Liebesbeweisen überschüttet - hatte ich ihm mit der Bedingung, daß meine Eltern einverstanden sein müßten, das Wort gegeben.
Ich hatte in der darauffolgenden Nacht Angst, ob ich auch Recht tun würde, meine Eltern zu verlassen, aber der Herr Keller versicherte, daß er nur noch zwei Jahre in Mexiko bleiben würde und wir uns dort nur ganz provisorisch einrichten wollten, so tröstete ich mich am anderen Morgen. Die Welt sehen - das Meer - ich hatte es ja in meinen kühnsten Träumen nicht gehofft. (...)
Mein guter Vater verstand mich und gab mir, nachdem er die nötigen Erkundigungen eingezogen hatte und auch meine Mutter beruhigt - seinen Segen. Zwei Jahre - wie rasch vergehen sie - das war auch mein Trost - als ich in verzweifeltem Schmerz von meinen Eltern Abschied nahm. Meine Mutter war gefaßter als mein Vater - ja es beruhigte sie sogar, daß sie nun gezwungen sein würde, nicht nach mir zu schicken - und daß ich in den zwei Jahren sich daran gewöhnen würde, die Verhältnisse zu ertragen und sich in dieselben zu fügen. Mein Brautstand war kurz, aber doch nicht frei von Kummer gewesen. Ich wollte meinen Mann glücklich machen, ihm alles zu Liebe tun und so quälte ich mich über ein mir von ihm mitgeteiltes Ereignis hinweg, dessen Tragweite ich noch nicht verstand.
Aber das weiß ich noch genau, daß ich meinen Vater niemals mehr geliebt habe, als an dem schönen Sommerabend, da wir von meiner vierwöchentlichen Hochzeitsreise heimkehrten und ich ihn am Bahnhof - leidend und etwas geneigt - wiedersah! - Ich blieb dann noch ein paar stille Wochen bei den Eltern, während mein Mann seine Geschäfte ordnete und verschiedene kleine Reisen unternahm - aber der Abschied lag schon schwer auf mir, so sehr, daß meine Eltern davon sprachen, mein Mann möge mich da lassen. Aber das hätte ich nie getan. Mein Platz war an seiner Seite und ich darf mir ehrlich gestehen, daß ich mich beim Abschied - es war Ende Oktober, wie eine Heldin benahm - obschon mir das Herz zu brechen drohte. Ahnte ich, daß aus den zwei Jahren 10 werden sollten und ich meinen Vater niemals wiedersehen? Gottlob, daß uns die Zukunft verhüllt bleibt und die Hoffnung ihre Schwingen entfaltet (...) und ich winkte ich mutig, nachdem ich mich losgerissen hatte, meinen Eltern die letzten Grüße.
Mein Vater stand, mit feuchten Augen über die Treppe gelehnt und lächelte mir zu. -
Ich habe ihn niemals wiedergesehen."

Henriette Jordan blieb zehn Jahre lang in Mexiko, ohne einen Besuch bei den Eltern gemacht zu haben. Während dieser Zeit starb ihr Vater am 15.4.1861 in Kassel.

Zur Vermählung seiner Tochter hatte er ein langes Gedicht verfaßt, das noch einmal prototypisch seine Anschauungen in Bezug auf Frau und Familie deutlich werden läßt:

"Zur Vermählungsfeier seiner Tochter Henriette mit Edgardo Keller in Mejico am 1. August 1850 von Dr. Sylv. Jordan.

Der Vater, der oft an der Bahre
von hoffnungsvollen Kindern stand,
führt' heute zu dem Traualtare
ein theures Kind mit eigner Hand.

Oh welch' ein tieferregtes Fühlen
bewegt das viel geprüfte Herz.
Die Freude ist's, doch auch im Stillen
der bittern Trennung banger Schmerz.

Denn Freude ist's, ein Kind zu sehen,
das seinen höchsten Wunsch erklimmt,
durch's Leben nun mit dem zu gehen,
deß Herz mit seinem innig stimmt.

Ihr Herzen frei den Bund geschlungen,
da bleibt der Bund auch immer neu,
da ist das wahre Glück errungen,
da bleibt der Bund von Reue frei.

Doch bitter bleibt die Trennung immer,
die schwer das Herz der Eltern drückt,
Wenn auch der Wonnen Rosenschimmer,
das Herz der Scheidenden entzückt.

Denn vor dem Blick der Eltern steigen
die künft'gen Schicksalsrosen auf
die sich als harte Prüfung zeigen
im eh'verbundnen Lebenslauf.

Ob dann der Herzensbund nicht wanke
Wann solche Prüfung bricht herein.
Dies ist ein bangender Gedanke,
für Elternherzen wahre Pein!

Doch hat der Herzensbund die Tugend
und wahres Gottvertrau'n zum Grund,
Dann gibt er stark, wie frische Jugend,
in Stürmen auch Bewährung kund.

Drum haltet, meine lieben Kinder,
an echter Tugend immerdar,
an reinem Gottvertraun nicht minder
Dann bleibt Ihr stets ein glücklich Paar.

> *Wo reine Herzen sich umschlingen*
> *Und wahre Liebe füllt die Brust,*
> *da wird's dem Schicksal nie gelingen,*
> *zu schwächen Lebens-Muth und Lust.*
>
> *Du, Tochter, sei und bleib' dem Gatten*
> *Ein zartes, sanftes, treues Weib;*
> *Von Laune zeig' sich nie ein Schatten;*
> *Nichts störe heiter'n Zeitvertreib!*
>
> *Die Sanftmuth ist der Frauen Zierde;*
> *sie ist's, die Liebe pflegt und nährt;*
> *Zu ihr besteht die wahre Würde,*
> *die stets der Mann am höchsten ehrt.*
>
> *Du, Sohn, bleib Der stets treu ergeben,*
> *die dir allein sich anvertraut;*
> *bleib' Schützer der durch's ganze Leben,*
> *die außer Gott auf Dich nur baut.*
>
> *Von Eintracht lasset beide nimmer,*
> *kein's sei durch Mißtrau'n je versucht,*
> *dann nur vermeidet ihr auf immer,*
> *Der Liebe Todfeind - Eifersucht.*
>
> *Der Herr geleit auf allen Wegen*
> *Euch beide durch die Lebensbahn!*
> *Und nehmt hiermit der Eltern Segen,*
> *mit Kinderlieb und Ehrfurcht an."*

Mit diesem väterlichen 'Segen' beschließt Henriette Keller-Jordan den ersten Teil ihrer Lebenserinnerungen. Sie hat darin ihre Kindheit und Jugend noch einmal auferstehen lassen, die in die politisch brisante Zeit des deutschen Vormärz fiel und durch die Figur des berühmten Vaters eine ganz eigene Prägung erhielt. Die Gefangenschaft des Vaters und das daraus resultierende psycho-soziale Elend der Familie war sicherlich nicht typisch für Kindheit und Jugend einer Schriftstellerin im 19. Jahrhundert. Dennoch, so meine ich, ist an ihren autobiographischen Aufzeichnungen auch das Typische eines solchen Lebenslaufs deutlich geworden: Henriette war nicht nur die Tochter eines revolutionären Märtyrers, sondern sie entstammte gleichzeitig einer gehobenen Bildungsbürgerfamilie zur Zeit des Biedermeier. Die revolutionären Ansichten des Vaters richteten sich nun einmal nicht an die Tochter, deren Lebensweg vielmehr durch die patriarchalische Gesellschaft vorgegeben war. Die Aufgabe eines Vaters beschränkte sich in dieser Schicht darauf, die Tochter einer standesgemäßen Verheiratung zuzuführen. Insbesondere im Biedermeier war ein Frauentyp angesagt, "dessen Sinnen und Trachten ganz auf das Innere der Familie und deren Gedeihen gerichtet war. Das Putzen des Hauses, zuweilen unterstützt von einer alten treuen

Magd, die Betreuung und Erziehung der Kinder, Kochen und Backen - mit einer neuen Betonung des 'Hausbackenen' -, Einmachen und Konservieren: Das waren die Tätigkeiten, die die Hausfrau von morgens bis abends beschäftigten. Blieb ihr neben Nähen und Stopfen noch Freiheit, so benutzte sie diese für Häkeln und feine Handarbeiten, zuweilen begleitet von sentimentaler Lektüre. Von einer Teilnahme an den Interessen des Mannes und der gesellschaftlichen Wirklichkeit trat dieser Frauentyp meist mehr und mehr zurück"[35].

So beschreibt Ingeborg Weber-Kellermann das biedermeierliche Ambiente, das auch Henriette Jordan in der kleinen Universitätsstadt Marburg während ihrer Kindheit vorfand. Die Stadt zählte damals nicht viel mehr als sechstausend Einwohner und war - vor allem wirtschaftlich gesehen - in erster Linie Universität. Um es mit den Worten Ernst Kochs wiederzugeben: "Göttingen hat eine Universität, Marburg ist eine, indem hier Alles, vom Prorektor bis zum Stiefelwichser, zur Universität gehört"[36]. In den Professorenkreisen blieb man weitgehend unter sich und hatte eine übereinstimmende Auffassung davon, was sich schickte bzw. nicht schickte. Die Frau gehörte jedenfalls ins Haus und mußte sich mit dieser Rolle abfinden, denn eine andere sah die Gesellschaft für sie nicht vor. Ihre Energien verwendete sie daher auf die Ausgestaltung des Heims und die Inszenierung eines harmonischen Familienlebens. Damit wurden die Hausfrauentugenden in der bürgerlichen Moral der Biedermeierepoche zu weiblichen Tugenden schlechthin. Der erzwungene Rückzug auf die private Sphäre und den individuellen Innenraum der Häuslichkeit reduzierte die Frau auf die reine "Hausfrauen-Geltung" und bestimmte diese als ihr eigentliches "Wesen".

Genau dies erlebte Henriette Jordan zu Hause, wenn auch mit der Nuance, daß die Mutter infolge ihrer Krankheit diesen gesellschaftlichen Anforderungen nicht ganz gewachsen war. Dafür stimmten alle anderen Zeichen, die für dieses Familienleben typisch waren: Erwerbslosigkeit der Hausfrau und zusätzliche Hilfe durch Köchin, Dienstmagd, Kinderfräulein sowie Abkehr von der gesellschaftlichen und politischen Realität bis hin zur völligen Abkapselung der Familie von der Außenwelt. Galt dies für Frau Jordan aufgrund der besonderen Situation möglicherweise in extremer Form, so war aber auch insgesamt gesehen die Teilnahme der Frau an den Interessen des Mannes von dessen Seite ganz und gar nicht erwünscht. Zu Hause wollte er nicht auch noch konkurrieren und diskutieren müssen, sondern sich vielmehr in eine Privatsphäre zurückziehen, die für seine physische und psychische Rekreation notwendig war. Daher beschreibt beispielsweise der bekannte Schweizer Rechtsgelehrte J. C. Bluntschli (1808-

---

35 Weber-Kellermann 1983, 49
36 Koch 1881, 126

1883) sein weibliches Ideal so: "Sie erschien mir wie das lebendig gewordene Ideal der Weiblichkeit. Geistreiche Frauen, die mit den Männern wetteiferten, waren mir unangenehm. In ihr aber fand ich die edelsten Eigenschaften des Geistes, schnellen und klaren Verstand, tiefen Durchblick, feines sittliches Gefühl mit lieblichster Anmut, Sanftheit und Milde gemischt. Sie war eine treue, sorgende Gattin, eine gute Mutter, eine aufopferungsfähige Freundin der Armen, eine anspruchslose Hausfrau und eine freundliche und heitere Wirtin. In ihrer Gegenwart fühlte ich mich wie gehoben und reiner als sonst."

An anderer Stelle äußert er: "Als ich Clementine zuerst sah, bewunderte ich ihren hellen Verstand. Aber gerade dieser scharfe, blendende Verstand machte mich stutzig, da ich diese Kraft sonst nur bei Männern liebe. So gerne ich mit gescheiten Frauen spreche und den Umgang mit solchen hoch schätze, so wenig war ich geneigt, bei meiner Geliebten vorzüglich hervorragenden und herrschenden Verstand zu suchen. Jüngst hatte ich unter jungen Männern geäußert: ich möchte um keinen Preis eine Frau, die mich an Verstand überträfe. Aber sehr wahr bemerkte darauf ein junger Deutscher, halb errötend über seine scheinbare Unbescheidenheit: Die Sorge plagt mich nicht, ich bin überzeugt, daß ich keine Frau fände, die gescheiter wäre als ich. In der Tat, die Schärfe und Stärke des Verstandes bleibt auf ewig der Vorzug der Männer"[37].

Wie tief diese Vorurteile gesessen haben müssen, belegt meines Erachtens gerade der Sachverhalt, daß selbst Väter wie Sylvester Jordan für ihre Töchter keine praktikable Alternative aufzubieten imstande waren. Wenn er seiner Tochter auch privaten Unterricht geben ließ und sie mit deutscher Klassik vertraut machte, so mündeten diese Bestrebungen nicht in einer Hinführung zu weiblicher Selbständigkeit und Autonomie. Jordan zeichnete seine älteste Tochter zwar dadurch aus, daß er sich besonders intensiv mit ihr befaßte und dadurch deren Selbstbewußtsein stärkte, dann ließ er sie aber gewissermaßen auf 'halber Strecke' allein. Durch ihn hatte sie ein Bewußtsein ihrer Stärken und Fähigkeiten entwickelt, ohne aber über das entsprechende Terrain des Ausagierens zu verfügen. Vielmehr wurde sie, mit all ihren Geistesgaben, an einen Mann verheiratet, den sie kaum kannte und dem sie sich in jeder nur denkbaren Hinsicht unterordnen mußte.

---

[37] Zit. n. Weber-Kellermann 1983, 52

3. Schwierige Ehejahre in Mexiko

Kurz nach der Hochzeit begab sich das Ehepaar Keller auf die lange und damals noch sehr beschwerliche Seereise nach Mexiko. Bereits in Paris befiel Henriette eine nicht näher bezeichnete Krankheit, die ihre Ursache aber sicherlich in der Angst vor dem Ungewissen und einem sich anbahnenden Heimweh hatte.

"Ich kam krank in Paris an, hatte eine sehr beschwerliche Reise gemacht und war froh, als ich endlich in einem schönen Hotel am Boulevard des Italiens in meinem guten Bette lag. Am anderen Morgen wurde mir ärztliche Behandlung zutheil, aber es dauerte doch eine Woche, bis ich meine sehnsüchtige Neugier befriedigen konnte und Paris in Augenschein nehmen. Mein Mann besorgte inzwischen seine Geschäfte und ich war viel allein. Ich benutzte diese Zeit hauptsächlich dazu, Briefe zu schreiben, beherzte Briefe an meine Eltern, denen ich meine Krankheit schon zu Hause verschwiegen hatte, um sie nicht noch mehr zu beunruhigen. Aber mein Herz war recht schwer, und das Heimweh mit seinen gestaltlosen Qualen kroch leise in mich hinein. Ich bekam eine Ahnung vom Ernst des Lebens, das uns keinen Sonnenstrahl gönnt ohne die Schatten des Leids und der Sorge. Auf meinen Brief an die Eltern erhielt ich umgehend Antwort, mein guter Vater schrieb mir vier enge Seiten und erzählte mir sogar - die banalsten Neuigkeiten, die sich dort zugetragen hatten - nur - ich habe das dankbar empfunden - um mich so sanft als möglich über den Abschied aus der Heimat hinüberzubringen. Der Brief liegt heute noch vor mir und noch heute erfreue ich mich an den Worten, wo er unter Anderem schreibt: 'Du, meine liebe Henriette, bist in Wahrheit ganz meine Tochter. Ich habe es recht durchdringend aus Deinem Briefe an die Mutter ersehen -' etc. etc."

Hier wird in Keller-Jordans Erinnerungen noch einmal die schmerzliche Loslösung deutlich, die das starke symbiotische Verhältnis von Vater und Tochter erkennen läßt. An die Stelle des Vaters trat nun der 16 Jahre ältere Ehemann, den Henriette kaum kannte und der ihre Neigungen und Sehnsüchte nicht teilte:

"Als ich mich wieder wohler fühlte, verlebte ich die Tage wie in einem Zaubermärchen - mir war alles neu - Menschen, Straßen, Reichtum und Pracht. Ich sog diese Dinge in mich ein wie die Erde, wenn der erste Schnee fällt und sie ihn gierig schlürft. (...) Am meisten interessierte es mich, den Spuren der Menschen nachzugehen, die ich aus Büchern kannte. Es half nichts, mein Mann mußte das Cafe mit mir aufsuchen wo George Sand so oft in Männerkleidern gesessen und und mit Dumas, den Goncourt's, Alfred de Musset und Anderen Cigarren geraucht hatte. Wir krochen im Louvre herum und waren entzückt, fuhren nach Versailles und durchlebten dort manche Ereignisse, die sich dort abgespielt hatten. Nur einen geplanten Besuch bei Heinrich Heine - auf den ich mich so grenzenlos gefreut hatte,

11 Heinrich Heine (1797 - 1856). Lithographie um 1830.

12 George Sand (1804 - 1876).
Lithographie nach Auguste Charpentier.

> *für den ich schwärmte und dessen Körperqualen ich beinahe mit durchlitt - durfte ich nicht ausführen. Mein Mann war dagegen und meinte, solche Schwärmereien seien unpassend für eine verheiratete Frau. Auch auf den Besuch der Friedhöfe mußte ich verzichten - nur ein flüchtiger Blick über den Montmartre war mir gestattet - wo von Menschen die Gebeine ruhten, die einst für kurze Zeit die Welt beherrscht hatten."*

Wie man einem unartigen Kind den Sonntagsausflug untersagt, so mußte sich die junge verheiratete Frau von ihrem Mann maßregeln lassen. Über ihre Wünsche ging er nicht nur hinweg, sondern untersagte deren Ausführung ausdrücklich. Bereits in den Flitterwochen wird damit das klassische Bild des Patriarchen sichtbar und Henriette weiß ihrerseits genau, was das bedeutet und auf was sie sich in ihrer Ehe einzustellen hat:

> *"Alle Pflichten einer Frau und Mutter im fremden Land, alle Sorgen und Ängste, wie sie das Leben mit sich bringt - stiegen vor mir auf - vielleicht vergrößert, von heimwehkranker Phantasie verzerrt - aber doch so deutlich und quälend, daß ich sie heute noch zu empfinden glaube."*

Edgar Keller dagegen, der Ehemann, ließ sich keinerlei Fesseln auferlegen, sondern tat genau das, wonach ihm der Sinn stand:

> *"Mein Mann war ein leidenschaftlicher Karten- und Schachspieler und hielt sich den größten Teil des Tages und ganze Abende unten im Spielzimmer auf - während ich meine Zeit, nachdem die dreitägige Seekrankheit überstanden war, an Bord zubrachte. Ich konnte unten im Sitzraum die Luft nicht vertragen und wollte auch das Meer genießen, zu dem mich eine grenzenlose Sehnsucht zog. Ich saß da mit meiner Arbeit, häkelte, stickte oder las. Öfter noch tat ich nichts und träumte mich mit meinen Gedanken in das Leben hinein, wie es sich mir auf dem Schiffe gab - grübelte über meine Gesichtspunkte, fremde Eindrücke und ganz unverständliche Dinge, die sich mir nach und nach zu enträtseln begannen. (...) Hier nahm ich Vieles in mich auf, was in mir weiter arbeitete und den Keim zu Dingen legte, die ich später schuf."*

Ihre literarischen Werke, die sie später als reife Frau schreiben wird, behandeln diese Eindrücke, die den Aufbruch in ein neues Leben wiedergeben und sich intensiv mit der Zeit in Mexiko auseinandersetzen.[38]

Selbst an dem ersten Weihnachtsabend, den Henriette Keller-Jordan in der Ferne verbringen mußte, ließ ihr Mann sie mit ihrem Heimweh allein und zog statt dessen das Kartenspiel vor:

---

38 Vgl. z. B.: Hacienda Felicidad, 1886; Mexikanische Novellen, 1888, und Ausgewanderte, 1898

> *"Den Weihnachtsabend verbrachten wir daher an Bord, angesichts des Meeres unter dem heißen Tropenhimmel einer beinahe tageshellen Sternennacht. Die Herren spielten - und ich - ich dachte nach Hause - an Eltern und Schwester - und wie sie wohl nun - während der Schnee draußen wirbelte, an mich denken würden und mich vermissen! Dazu rauschte das Meer ernst und melancholisch und fing die heißen Tropfen auf, die sich still und ungesehen aus meinem Herzen heraus drängten und über die Barriere rollten."*

So interessant die weite Reise von Deutschland nach Mexiko gewesen ist, so anstrengend und quälend hat sie Henriette aber auch in Erinnerung behalten. Es war nicht die Zeit, in der Frauen reisten und sich den damit verbundenen Strapazen und Gefahren aussetzten. Abgesehen von den Auswanderinnen nach Amerika weist das 19. Jahrhundert nur ganz wenig Frauen aus, die sich auf Reisen begaben[39]. Sowohl Reisetechniken als auch Möglichkeiten und Bedingungen waren in der Zeit allein auf Männer ausgerichtet, so daß Frauen sich neben den finanziellen auch den Transport- und Unterkunftsschwierigkeiten ausgesetzt sahen. Reisten sie dennoch, waren sie in der Regel aus gehobenen Sozialschichten, Mitreisende ihrer Männer wie Ehefrauen von Künstlern, Kaufleuten, Diplomaten, Colonialbeamten, Forschern oder Militärs, oder es handelte sich um "Missionsbräute", unverheiratete Frauen, die von den Deutschen Missionsgesellschaften verstärkt um die Jahrhundertwende ausgesandt wurden. Ansonsten war für alleinstehende Frauen Reisen so gut wie unmöglich, es sei denn es handelte sich um sogenannte 'Außenseiterinnen' wie Schauspielerinnen, Tänzerinnen, Musikerinnen und Malerinnen. Insgesamt betrachtet waren Reiseaktivitäten von Frauen im vergangenen Jahrhundert sehr begrenzt und die herrschenden Vorstellungen auch nicht dazu angetan, deren Lust am Reisen zu schüren.

So äußerte sich etwa Arthur Michelis 1872: "Gemeiniglich verlangt es aber die Damen gar nicht sehr nach Reisen, und in der That ist ihnen in diesem Stücke kein Mangel an Logik vorzuwerfen. - Begleiten wir, sagen sie, unsere Männer, so verursacht das dreifache Kosten, Unbequemlichkeit, Mühsal, manche Unternehmung muß unsrethalben wegfallen, Alles geht langsamer, schwerfälliger, auszüglicher vor sich. Die Bestimmung des Weibes ist das Haus, nicht die Welt"[40].

Wegen dieser in der Gesellschaft vertretenen Ansicht setzten sich alleinreisende Frauen leicht dem Verdacht aus, nicht ehrbar zu sein sondern eher frivol und auf der Suche nach Abenteuern. So berichtete etwa eine junge Erzieherin 1847 ihren Eltern von einer mit ihrer Dienstherrschaft

---

39 vgl. Jehle 1989
40 Zit. n. Jehle 1989, 14 f.

unternommenen Seereise: "Ich legte mich nun hin und konnte gut schlafen, allein da kam der unverschämte Capitän und forderte mich auf in sein Zimmerchen zu kommen. Ich wollte mich nun gar nicht dazu verstehen, allein er gab nicht nach. Als ich das Zimmerchen betrat, sah ich zu meinem Schrecken, daß wir allein waren; ich glaubte zuerst es möchte ein allgemeines Zimmer sein. Allein ich sah mich nun getäuscht. Da wußte ich woran ich war und nicht zu unrecht. Sie können sich denken l. Eltern, wie mich die Angst überfiel; bei einem so Unverschämten zu sein. Ich wollte nun durchaus zu Herrn F... allein er ließ es nicht zu. Zu meiner größten Freude erwies sich nun gerade die Seekrankheit in seinem Zimmer und so entrann ich ihm glücklich: Indem ich sagte, daß ich zu unwohl sei, ich müsse allein sein. Später kam er noch einmal denn ich konnte weder mein Zimmerchen riegeln noch vor dem Schwanken des Schiffes zu Herrn F... gehen"[41].

Der Kapitän ist hier wohl der Ansicht, daß die junge Frau ihm allzeit zur Verfügung zu stehen habe; und daß sie ihre Kajüte nicht einmal abriegeln kann, gibt einen weiteren Einblick in die Bedingungen alleinreisender Frauen.

Henriette Keller-Jordan bereiste Mexiko an der Seite ihres Mannes, wenn er sie auch die meiste Zeit alleine ließ. Derartige Avancen eines Kapitäns dürften ihr deshalb wohl nicht gemacht worden sein - aber die Reise war auch so schon schwierig genug:

"Wenn ich heute an diese Reise zurückdenke, die noch lebendig in mir weiterlebt, so kann ich nur sagen, daß sie ein Martyrium war, durch alle Schmerzen und Qualen, die ich leiden mußte, aber ein Martyrium, über das dennoch zeitweise meine Seele triumphierte durch die Eindrücke dieser großartigen elementaren Natur, durch die totstillen einsamen Nächte, in denen die Urwälder, von lichter Sternenflut übergossen, in die Weite hinein träumten und das ferne Rufen der Schakale an eine sagenhafte Märchenwelt erinnerte, von der man einmal gelesen, gehört oder geträumt hatte.
Wer heute in Vera-Cruz landet und vom Dampf über die glatten Schienen und geebneten Wege in 24 Stunden in die Hauptstadt gebracht wird, hat keine Ahnung von den Gefahren, Unbequemlichkeiten, aber auch der märchenhaften Schönheit einer damaligen Fahrt. Eine offene, nur mit einem Dach gedeckte Diligencia, mit neun Maultieren bespannt, raste Tag und Nacht über Steinhaufen, Geröll, durch Berge, Ebenen, Sümpfe und Schluchten und fragte nicht danach - wie die Insassen gegeneinander flogen, sich anklammerten, stützten und stellenweise auch fluchten. Krank, wie ich war - auch durch einen schmerzhaften Umlauf am Finger - hielt mich mein Mann, in fortwährender Angst, ich könne Schaden nehmen, mit dem Arm umklammert und ich habe Sorgen und Ängste ausgestanden, die genug wären für ein ganzes Menschensein.
(...)
Unsere weitere Reise ging über Puebla, wo wenige Jahre später die Liberalen den colossalen Sieg erfochten. - Der letzte Tag führte uns

---

41 Zit. n. Jehle 1989, 14

noch über den berüchtigten Wald von Perote. Täglich kamen in demselben Raubüberfälle auf die Diligencia vor, die aber selten tragisch endeten. Jedermann wußte, daß es größtentheils junge Leute aus den besten Familien waren, die Geld benötigten oder sich gern an irgend einem Abenteuer beteiligen wollten. Die Passagiere wußten das, nahmen daher nur soviel Geld mit, wie sie den Dieben zu geben beabsichtigten und ließen ihre Uhren und Juwelen in den Koffern, die mit der von einer Escorte begleiteten Conducta gingen. Der Wald von Perote ist dunkel und unheimlich, von allen möglichen Pfaden und Gebüschen durchkreuzt, die es diesen Abenteurern leicht machten, ihr edeles Gewerbe zu vollführen. Auch wir blieben nicht unbehelligt. Dicht vor Perote kamen plötzlich 3 - 4 bewaffnete und maskierte Kerls durch das Gebüsch, geboten dem Kutscher zu halten - und rissen die Thüre des Wagens auf. 'La bolsa Senores' sagten sie, an ihre mit Federn geschmückten Hüte greifend - und geboten denselben auszusteigen. Die Herren, die theilweise diese Farce schon mitgemacht hatten und wußten, daß eine Vertheidigung Unsinn sein würde, gehorchten. Außer mir war nur noch eine Frau im Wagen, die junge Frau eines französischen Arztes. Wir klammerten uns aneinander und blieben sitzen. 'No tienen vinquietado Senoras' sagte einer derselben, in den Wagen hinein, während er den Hut lüftete, 'somos Caballeros' (Haben Sie keine Furcht, meine Damen, wir sind Cavaliere) und dann fragte er uns, was wir an Werthsachen bei uns hätten. Meine Gefährtin trug eine kleine Brosche, die sie abnestelte und hingab; ich selbst hatte nichts als meinen Trauring, den ich mit der rechten Hand fest umklammert hielt. Ich war abergläubisch gewesen und hatte ihn nicht, wie mir mein Mann vorgeschlagen hatte, abgethan. Der Dieb mochte wohl meine Angst bemerken, denn er lächelte und sagte galant: 'Wir sind nicht grausam, Senorita, und achten das Pfand der Liebe.' Dann wurde den Herren alles Geld abgenommen, dieselben gebeten, wieder einzusteigen, der Wagenschlag zugemacht, und die Räuber ritten mit einem Gruß wieder ins Gebüsch hinein."

Es muß hier noch einmal festgehalten werden, daß Henriette Jordan die Reise nicht aus freien Stücken bzw. individuellem Interesse unternahm, sondern ihrem Ehemann in das Land folgte, in dem er als Kaufmann seine Unternehmungen betrieb. Sie ist infolgedessen nicht in erster Linie als Reiseschriftstellerin zu begreifen, wenn sie in ihren Erinnerungen der Überfahrt nach Mexiko breiten Raum zur Verfügung stellt. Andererseits war ihr durchaus bewußt, daß ihr als Frau mit dieser Reise Erlebnisse zuteil wurden, die sie unter normalen Umständen niemals gehabt haben würde. Ihre Reflexionen an Bord, die Wiedergabe ihrer Eindrücke und auch die Einschätzung der Menschen in Mexiko lassen aber eine von männlichen Reisenden divergierende Wahrnehmung zutage treten, die bei Jehle als 'Feminazentrismus' definiert wird[42].

---

42 Jehle 1989, 219

13 Grenzstation im Tal von Mexiko.
Aufnahme Ende des 19. Jahrhunderts.

Dazu Jehle: "Da meines Wissens bisher keine geschlechtsspezifische Untersuchung zur kulturellen Fremdwahrnehmung vorliegt, sich die Lebenswirklichkeit der Frauen von der der Männer aber unbestreitbar unterschied und noch unterscheidet, sei an dieser Stelle der Begriff des 'Feminazentrismus' eingeführt. Er stellt in gewissem Sinn die auf Frauen bezogene Variante oder um den Aspekt der Frau erweiterten Begriff des Euro- bzw. Ethnozentrismus dar. Unter diesem versteht man im allgemeinen das subjektive Urteilen nach einer, durch die eigene Gesellschaft bestimmten, Werteskala. Es soll aber hier in keiner Weise einem Biologismus Vorschub geleistet werden. Ein spezifischer Blick liegt nicht in der Natur der Frau begründet, ist nicht 'angeboren', sondern sozialisationsbedingt. Die konstitutiven Elemente dessen, was ich auf der Basis der Reisebeschreibung Ida Pfeifers als 'Feminazentrismus' bezeichne, sind:

- subjektiv selektive Wahrnehmung mit besonderem, aber nicht ausschließlichem Augenmerk auf Bereiche des weiblichen

Lebenszusammenhangs (Haushalt, Kindererziehung, Leben der fremden Frauen allgemein);

- Schlußfolgerungen und Reflexionen, die sich aus dem eigenen weiblichen Erfahrungsbereich ergeben;

- Sensibilität für Frauenfragen aufgrund eigener Betroffenheit mit daraus resultierender Emotionalität. (...)

- Beurteilung aufgrund einer durch die weibliche Sozialisation bedingten Werteskala"[43].

Die o. g. Kriterien treffen zum größten Teil auch auf die Wahrnehmungen Henriette Keller-Jordans zu. So waren für sie Familie, Wohnung und Haushalt die zentralen Punkte, die ihr Leben in Mexiko bestimmten, was sie daher in ihren Erinnerungen ausführlich wiedergibt:

"Die kleine Wohnung, die uns Freund Bath gemiethet hatte, war äußerst gemüthlich und in der Calle Plateros, der Hauptstraße im Mittelpunkt der Stadt. Ein kleiner Salon mit blauseidenen Möbeln, ein ebensolches Eßzimmer und größeres, comfortables Schlafzimmer. Alles, nach dortiger Sitte mit Teppichen belegt, doppelte Vorhänge an den Balkonthüren - kurz, es blieb mir nichts zu wünschen übrig. Nur entdeckte ich kein Mädchenzimmer - und als ich Freund Barth darüber um Auskunft bat, sagte er - die existierten in den größten Hausern nicht, da das Gesinde in der Küche auf dem Boden schlafe. An diese barbarische Sitte konnte ich mich gewöhnen und da wir ohnedies nur die Geburt unseres Erbprinzen abwarten wollten, um eine größere Wohnung zu miethen - so blieb es eine Frage der Zeit. Es folgten dann für mich traurige Wochen und Monde - in denen mich das Heimweh quälte und ich stundenlang - wenn mein Mann gegangen war, auf einem Stuhl saß und in die Ecke des Zimmers starrte. Nichts gefiel mir mehr, die Einsamkeit ohne irgendwelchen Verkehr drückte auf mich - selbst mit der Magd konnte ich kein Wort wechseln, da ich ihre Sprache noch nicht verstand. Ich war von zu Hause an ein inniges Familienleben gewöhnt, an ein gegenseitiges Sorgen und Bekümmern - ich hatte Freundinnen, die mir mit innigster Liebe zugethan waren - und hier hatte ich nichts als die karge Mittagsstunde mit meinem Mann, der von der ersten Stunde an unzufrieden mit seinen Geschäften war, Revolutionen in Aussicht glaubte und an alles eher dachte, als an die Herzensbedürfnisse seiner jungen Frau. Abends ging er oft ins 'Deutsche Haus' - und ich hatte eine solche Angst vor den einsamen Abenden, an welchen die Mäuse meine einzigen Gefährten waren, daß ich ihn mit förmlichem Fieber zu Tisch erwartete und überglücklich war, wenn er zu Hause

---

[43] Jehle 1989, 201 f.

14 Mexiko. Kathedrale, Aufnahme Ende 19. Jahrhundert.

eine solche Angst vor den einsamen Abenden, an welchen die Mäuse meine einzigen Gefährten waren, daß ich ihn mit förmlichem Fieber zu Tisch erwartete und überglücklich war, wenn er zu Hause

blieb. Das ganze Leben drückte auf mich - es war alles so anders. Die kleine Küche hatte einen miserablen Herd - einen Küchenschrank gab es nicht, Vorräthe konnte man nicht haben, die Kochart war eine andere - kurz, es dauerte lange, bis ich mich in unserer späteren Wohnung, halb deutsch, halb mexikanisch - arrangieren lernte. Aber das alles wurde besser - viel besser, als an einem schönen Nachmittag mein lieber Erstgeborener sich - ganz unerwartet - zwei Monate zu früh - meldete. Am anderen Mittag um 12 Uhr hielt ich den winzigen Knaben in meinen Armen, selig nach der überstandenen Pein, im ersten jungen Mutterglück! Ich hatte ein Kind, ein Wesen, das mir gehörte, das ich lieben, hätscheln und pflegen konnte und so achtete ich kaum die unendlichen Mühen und schlaflosen Nächte, die ich mit diesem winzigen Kindchen hatte, bis ich mir nach und nach seiner Lebensfähigkeit bewußt wurde. Der Arzt sagte, die Strapazen der Reise, der Wechsel des Climas und mein schwer bedrücktes Herz hätten diese Frühgeburt herbeigeführt. Aber meiner Pflege gelang es, ihn dem Leben zu erhalten. Ich lebte nur für ihn, verließ ihn nie, und der kleine Junge hatte sich so an mich und meine Pflege gewöhnt, daß er brüllte, sobald ich nur das Zimmer verließ."

Wie wir sehen, verkörperte Henriette ganz das Frauenbild, zu dem sie erzogen worden war. Sicher hätte sie sich einen aufmerksameren Ehepartner gewünscht, doch da dies nun einmal nicht der Fall war, schickte sie sich in ihre Lage und projizierte all ihre Liebesbedürfnisse auf das kleine, zu früh geborene Kind. Mutter, Gattin, Hausfrau - das war die einschränkende dreifache Bestimmung der bürgerlichen Frau im 19. Jahrhundert, wobei die Bereiche Öffentlichkeit, Arbeitswelt und Politik, zu reinen Männerdomänen erklärt, ihr verschlossen blieben. Der liebenden Gattin, deren Eigenschaften darin bestehen sollten, zu gefallen und sich unterzuordnen, war der totale Verzicht auf Freiheit und Selbständigkeit jedoch nicht angeboren, was daher zu Konflikten führen mußte und geführt hat. Auch im Falle Henriette Keller-Jordans.

Zunächst aber stellte das Neugeborene die wichtigste Lebensaufgabe für die junge Frau dar, der sie sich auch mit Freude und Hingabe widmete und die es ihr ermöglichte, die Misere ihrer Ehe vorläufig zu verdrängen. Mutterliebe als solche war allerdings den Frauen auch nicht von Anbeginn in die Wiege gelegt, sondern mußte erst gesellschaftlich entwickelt werden. Welch tiefgreifenden Wandel dies Gefühl im Laufe der Geschichte erfahren hat, stellte Elisabeth Badinter in ihrer Untersuchung über die "Mutterliebe - Die Geschichte eines Gefühls" (1981) fest. Bis ins ausgehende 18. Jahrhundert galten Kinder eher als Last denn als kostbares Gut. Erst Rousseau (1712-1778) war Exponent einer Bewegung, die die "neue Mutterliebe" propagierte. Dazu gehörte ebenso das mütterliche Stillen wie die Abschaffung des Wickelkissens und überhaupt eine zärtliche Liebe und Sorge um das Kind, die gesellschaftlich neu war. Gerade in den 'besseren' Kreisen hatte man es bis dahin vorgezogen, die Kinder zu Ammen auf's Land zu geben und die weitere Aufzucht Erziehern oder Kinderfrauen zu überlassen. Die hohe Kindersterblichkeit mag allerdings auch ein Grund gewesen sein, emotionale Beziehungen gar nicht oder nur langsam aufzubauen, um sich vor dem Verlust, der immer wieder befürchtet werden mußte, seelisch zu schützen. Wie wir gesehen haben, mußte auch Sylvester Jordan von seinen sieben Kindern fünf in jungen Jahren begraben - eine Tatsache, die uns heute erschrecken läßt und die doch ganz an der Tagesordnung war[44].

Für Keller-Jordan allerdings galt bereits die absolute Hinwendung in den familiären Innenraum und hier besonders auf die Kinder, da der Ehemann sich ihr weitgehend entzog. Doch wie reduziert ein solches Leben war, noch dazu in der Fremde Mexikos, dessen Sprache sie nicht verstand, mögen folgende Zitate belegen:

---

44   vgl. auch Weber-Kellermann 1979

"Mein Mann ließ diese günstige geschäftliche Zeit nicht vorübergehen und kaufte eines der sogenannten Pfaffenhäuser - wie er seinem Associé und mir sagte - von dem Gelde, welches ihm wenige Jahre vorher mein Vater unter der Bedingung gegeben hatte, daß die Summe im Geschäft als mein persönliches Eigentum fungiere. Der Kaufbrief wurde auf meinen Mann ausgestellt und sein Associé Barth, der damals in Europa war, hatte keinen Theil daran. Ich selbst verstand so wenig von Geschäften, daß ich mich um die Einzelheiten nicht kümmerte, ich erinnere nur, daß man mir wiederholt sagte, daß ich nun ein Haus besitze - und mein Vater - für die paar Thaler (es waren nach dem damaligen Curs 16.000 Mark) ein glänzendes Geschäft für seine Tochter gemacht habe. Ich habe in späterer Zeit - auch nach dem Tode meines Mannes, niemals etwas von dem Gelde gesehen. - In dem schönen Hause, in der Calle San Felipe Neri, wohnten damals fast 30 Jahre eine Marquese mit ihrem Onkel und es ging mir wirklich gegen den Strich, diese Leute hinauszutreiben. Aber das Leben ist nun einmal so - die Marquese selbst hätte ja das Haus wie so manche Inwohner ähnlicher Häuser, leicht selbst kaufen können. (...)

Wir zogen demnach, ich als Eigentümerin, in das reizend schöne Haus No. 1 in der Calle San Felipe Neri. Die Schäden wurden ausgebessert, die Reihe von Zimmern, die wir bewohnen würden, theilweise frisch hergerichtet und auf dem gedeckten Corridor der einer Veranda gleich zum Speisezimmer führte, ließen wir ein Bild von Wilhelmshöhe kopieren und konnten uns so hinter dem Blumenreichthum, der die Geländer zierte - meist üppige Tropengewächse - in die Heimath versetzen. Im Hof - um welchen sich die Veranda im ersten Stock zog - stand eine einsame Esche, die dem Hause etwas Poetisches gab - ich umringte sie nach und nach mit hohen Tropengewächsen, die theilweise in Fässern wie Bäume wucherten (...) In der breiten gedeckten Seite der Veranda, die mit Palmstrohmatten belegt war, stand ein gemüthliches Sopha mit Sesseln und rundem Tisch. (...) Der andere schmale unbedeckte Korridor führte von dem Portal der Herrschaftstreppe in ein elegantes rosa Vorzimmer, welchem sich der Saal mit drei Balkons anschloß. Dann folgten unsere beiden Riesenschlafzimmer, die der Dame des Hauses im Süden zugleich als Wohn- und Empfangszimmer für intimere Freundinnen dienen. Neben dem Meinen, seitwärts, hatte ich noch ein kleines, ganz verstecktes Boudoir, wo ich neben einer Causeuse meinen Schreib- und Näh-Tisch hatte und wohin ich mich zurückzog, wenn ich das Bedürfnis fühlte, allein zu sein. Von diesem kleinen Zimmer aus konnte ich den Hof und Korridor übersehen und die Kinder mit ihrer Zofe überwachen. Die Küche, mit glänzenden Platten getäfelt, hatte zwei Herde und führte auf eine zweite Veranda von welcher die Gesindetreppe in den Hof ging. Die Wohnung des Portiers befand sich im Hof neben der Herrschaftstreppe. Es war eine bequeme, reizende und behagliche Wohnung, die mir manches Schwere, was mich in derselben betraf, tragen half und erleichterte. Wie oft wünschte ich mir, sie mit mir nehmen zu können in die Heimath, mit allen diesen duftenden Blumen und dem Stück blauen Himmels über dem Geäst meiner Esche.

Aber wie bedrückend waren dagegen die steten Geschäftsklagen meines Mannes, die Revolutionen und dadurch auferlegten Contributionen und die ewige Sorge, wie das enden würde. Mein Leben wurde nach allen den schweren, oft unverständlichen Dingen, die sich durch meine Seele gedrängt, mehr und mehr ein Innerliches, ich fing an zu denken und bekam von vielen Dingen eine andere Auffassung, als ich sie in meiner harmlosen Art, alles zu nehmen, wie es sich gibt, gehabt hatte. Ich schrieb Tagebücher, erschrak über das, was ich geschrieben hatte und vernichtete sie wieder. Ich sehnte mich danach, mit meinem Vater zu sprechen, ihn um Rath zu fragen, um Aufklärung über mich selbst, aber mein Mann las jede Zeile, bevor ich sie beförderte und er würde über meine Gefühle und Eindrücke, die den Seinen so ferne lagen, gehöhnt und gespottet haben - das wußte ich jetzt."

Hier drängt sich den Lesern unwillkürlich das Bild des 'goldenen Käfigs' auf, in dem die junge Frau ihr Tage verbrachte. Sie bewohnte riesige Zimmerfluchten, verfügte über Personal, kannte weder Geld- noch Nahrungssorgen und war doch so grenzenlos unglücklich in diesem eingeengten Dasein, das es ihr nicht einmal möglich machte, einen nicht zensierten Brief in die Heimat zu schicken. Ihr Mann spielte sich als absoluter Herrscher auf und hielt sie wie ein unmündiges Kind. Wie gern hätte sie ihrem Vater dieses traurige Los geschildert, da sie sich sonst niemanden anvertrauen konnte, doch dies wußte der Ehemann zu verhindern.

"Ein großer Druck, der in jener Zeit auf mir lastete, war die Sorge um meines Vaters Gesundheit. Er schrieb noch immer regelmäßig mit jeder monatlichen Post, aber die Briefe wurden immer kürzer und die Handschrift zittriger. Ich zerfloß bei jedwedem, den ich erhielt, in Thränen. Meine Schwester Natalie gab in den ihrigen den Kommentar dazu und erzählte von seinen Leiden, mit denen sich infolge des Rheumatismus, den er im Gefängnis davongetragen, ein schmerzhafter Knochenfraß entwickelt hatte. Ich liebte meinen Vater grenzenlos - und litt unaussprechlich! Alle seine guten Worte, die immer und zu jeder Zeit aus der Tiefe seines Empfindens gekommen waren, wurden ja jetzt erst - im bewußten Leben - lebendig und ich klammerte mich daran wie an das Evangelium. Gerade so - so wollte ich sein - wie er es wünschte - für Andere leben und mich vergessen. Mit wievielen Kämpfen ich es in den neuen Verhältnissen - in denen Alles sich anders gab - versuchte, brauche ich nicht zu sagen, denn wir Menschen sind Schicksalen unterworfen, die sich nicht abwehren lassen und die wir hinnehmen müssen, selbst wenn sie uns in den Augen derer, die uns nicht beurtheilen können, verdächtigen.
Es war an einem Posttage - Ende Mai 1861, als ich wieder mit Sehnsucht auf meinen Mann wartete, der jedes Mal die Briefe brachte. Er kam und sagte nichts - die Post sei verspätet - gab er mir auf meine Frage zurück. Aber ich bemerkte, daß er ärgerlich war, daß Etwas in ihm vorging, was mich betraf und ich konnte keinen Bissen essen.

Endlich sagte er "nun ja, Du scheinst es ja zu ahnen, Dein Vater ist tot - hier sind die Briefe."
Ich nahm die Briefe nicht sogleich zur Hand - ich konnte nicht. Ich mußte erst den Gedanken fassen - den entsetzlichen - ich fühlte wie etwas in mir verging und ein namenloses Verlassensein packte mich. Die rauhen Worte meines Mannes, die Angst, die mich plötzlich ergriff! - Jedes Wort und jeder Blick grub sich in meine Seele.
'Deine Mutter hat zwar geschrieben', fuhr nach einer Weile mein Mann fort - 'ich solle Dir, da Du Deinen Vater über alles lieb hast, diese Botschaft sehr fürsorglich mittheilen - aber ich finde, er hat gar nicht wie ein Vater an Dir gehandelt, denn Deine Mutter behält den Nießbrauch des Vermögens und Deine Schwester Natalie erhält 4.000 Thaler vor Dir voraus.' Also daran dachte er! Ich verstand nicht recht, was er weiter sagte - es waren entsetzliche Worte - Worte der Anklage gegen den Todten, die Mutter, die Schwester und mich. Er berührte nicht einmal mein Herz, das nur den einen Gedanken fassen konnte, daß der Vater todt sei und ich ihn nie - nie mehr sehen würde. Und dann meine arme Mutter - meine Schwester! Mein Mann ging im Ärger - weil ich Vaters Handlung - wie zu allen Zeiten - recht fand - fort und ließ mich allein. -
Was dann war, weiß ich nicht mehr - aber am Abend fanden mich Freund Laue und seine junge Frau, die inzwischen die Nachricht vernommen hatten, bewußtlos am Boden im Korridor."

Die Eheschließung mit Edgar Keller war - und dies wird spätestens hier deutlich - ein großer Fehler. Doch welche Möglichkeiten hatte eine junge Frau um die Mitte des 19. Jahrhunderts, sich aus solchen Fesseln zu lösen? Eine Scheidung war theoretisch zwar möglich aber praktisch völlig undurchführbar. Da der Mann über das gesamte Vermögen verfügte, und in Henriettes Fall nun auch der Vater noch gestorben war, wäre sie mit ihren Kindern in eine völlige finanzielle Notlage geraten. Selbst ohne Beruf und damit ohne Möglichkeiten den Lebensunterhalt allein zu bestreiten, waren die Frauen aus diesen Schichten ihren Ehemännern auf Gedeih und Verderb ausgeliefert. Bis Henriette Jordan Möglichkeiten fand sich zu befreien, sollten noch viele Jahre ins Land gehen. An eine Trennung war vorläufig überhaupt nicht zu denken, zumal sie kurz vor der Geburt ihres dritten Kindes stand:

"Wenige Monate später wurde mein dritter Sohn geboren. Freund Laue hielt ihn über die Taufe und wir gaben ihm den Namen Ernst. Er war ein reizendes liebliches Kind, und sein Anblick und sein Gedeihen tröstete mich ein wenig in meinem Schmerz. Ich ahnte ja nicht, daß er mir einst - schuldlos - so viele Sorge und Kummer bereiten würde und in einer Anstalt sein Leben beschließen müsse. Ich ahnte nur, wie verschieden jede Thatsache auf die Menschen wirkt - und zweifelte oft an mir selbst, an meinem regen Gefühlsleben und ob diese meine Leidensfähigkeit nicht doch eine Schwäche sei. Aber es wurde mir auch immer klarer, daß die Schuld in einer Ehe, die mehr und mehr auseinandergeht, nicht auf einer Seite allein liegt,

> *die mehr und mehr auseinandergeht, nicht auf einer Seite allein liegt, sondern daß es gewöhnlich zwei Menschen sind, die sich nie und nimmer hätten finden sollen. (...) Ich zog mich mehr und mehr in mich zurück und sargte Illusionen ein, die mich einst beglückten. Was mich belebte, war der Gedanke an die Heimath, das Wiedersehen von Mutter und Schwester - und damit die Hoffnung auf Liebe und Verständnis, die meiner innersten Seele so nothwendig waren wie dem Leib das tägliche Brot."*

Bezüglich dieses Wunsches zeichnete sich schon sehr bald ein Hoffnungsschimmer für Henriette ab, denn infolge der virulenten politischen Verhältnisse in Mexiko verschlechterten sich die Geschäfte Kellers so sehr, daß an eine Rückreise der Familie gedacht werden mußte. Keller schlug seiner Frau vor, mit den Kindern nach Deutschland zu gehen, während er versuchen wolle, noch zu retten was zu retten sei. Letztlich aber kam es anders:

> *"Ich schrieb darüber nach Hause - und erhielt die Antwort, daß man mich mit den Kindern aufnehmen würde, aber ohne meinen Mann. Die Vorbereitungen wurden getroffen und ich hatte mir alles mit schwerem Herzen (ich kannte meiner Mutter Leiden) zurechtgelegt - als mir mein Mann eines Tages rundweg erklärte, er wurde mich begleiten, das Geschäft seinem sich noch in Deutschland befindenden Associé übergeben, um sich selbst - er war damals 45 Jahre alt - zur Ruhe zu setzen. Er habe genug gearbeitet und sei es müde. Auf meine schüchterne Frage, wovon wir denn leben würden - gab er mit zur Antwort, daß er ja die Miethe des Hauses habe. (...) Ich hatte weder einen Begriff von den Vermögensverhältnissen, noch der geschäftlichen Vereinbarungen der beiden Associés. Mein Mann meinte, das ginge mich nichts an. Ich fügte mich hinein, aber machte mir innerlich Sorgen.*
> *Mein jungster Knabe war inzwischen zwei Jahre alt geworden und konnte noch nicht laufen - er schrie sehr viel - gedieh aber körperlich ganz herrlich. Ich selbst fühlte mich nie mehr recht wohl, hatte fortwährend Kopfweh und quälte mich mit den Verhältnissen herum. Unser Haus hatte unser Arzt und Freund Dr. Schulz gemiethet, aber die Miethe war nicht so hoch, daß wir mit derselben leben und zugleich die Erziehung der Kinder bestreiten konnten."*

Die genaueren Umstände von Kellers finanziellem Ruin werden aus den Erinnerungen Henriette Keller-Jordans nicht deutlich. Fest steht nur, daß es der Familie materiell nie wieder so gut ging wie in Mexiko, sondern daß sich die Verhältnisse sogar ins Gegenteil verkehrten und sie fortan mit permanenten finanziellen Krisen zu kämpfen hatten.

4. Rückkehr nach Deutschland (Kassel/Schwalm/Marburg)

Nach 10-jährigem Auslandsaufenthalt sollte Henriette Keller-Jordan nun zum ersten Mal die Heimat wiedersehen:

> *"Je näher wir Cassel kamen, je lauter schlug mein Herz - meine ganze Liebe zu Mutter und Schwester wurde lebendig - und ich konnte es kaum erwarten, sie am Bahnhof zu begrüßen. Als der Zug hielt, sah ich nur Fräulein Sänger, die Gesellschafterin meiner Mutter - sonst war Niemand da. Meine Mutter würde es angegriffen haben und Natalie hatte den Schnupfen.*
> *Zum erstenmale empfand ich, daß auch das Herz weinen kann - stumm und thränenlos - mit anderen Gewalten, aber erschütternd, mit unaustilgbaren Spuren.*
> *Und so waren wir wieder in Deutschland in der Heimath - wo man mich inzwischen vergessen hatte, meine Schwester mich im Herzen der Mutter verdrängt und man die großen Weihnachtsgeschenke, die sie und ihr Bräutigam erhielten, versteckt hatte, weil man mir solche nicht geben wollte. Das Letztere verrieth mir die Dienerin, die alte, treue Marie, die meinen Vater während seiner Krankheit gepflegt hatte und der ihr so viel von mir erzählt hatte - wie lieb er mich habe - und wie er sich um mich sorge.*
> *Die treue Person trat wie eine Löwin für meine Rechte ein, aber das Resultat war, daß sie bald nachher den Dienst aufgeben mußte - und das Haus verlassen - und das war meine heiß ersehnte freudlose Wiederkehr in die deutsche Heimath!!"*

Die Enttäuschung Henriettes, die aus diesen Worten sichtbar wird, mußte sich notgedrungen einstellen, denn die lange Abwesenheit hatte Illusionen genährt, die der Realität nicht standhalten konnten. Der Vater, bei dem sie immer auf Verständnis traf, lebte nicht mehr und Mutter und Schwester waren ihr durch die Trennung noch mehr entfremdet worden, als sie es hatte annehmen können. Ein gemeinsames Leben in Kassel gestaltete sich folglich äußerst unerfreulich, so daß abermals an einen Umzug gedacht werden mußte. Edgar Keller schlug vor, zu seiner Familie aufs Land zu ziehen, was Henriette jedoch unbedingt verhindern wollte. Bei all den Sorgen und Zerwürfnissen, die sie während ihrer Ehe erlebt hatte, waren ihr nur die Kinder als einziger Lebensinhalt geblieben. Ihnen wollte sie eine fundierte Ausbildung zukommen lassen, was in der hessischen Schwalm, wohin ihr Mann zu gehen beabsichtigte, unmöglich gewesen wäre:

> *"Ich dachte vielmehr Tag und Nacht über die Erziehung und die Zukunft der Kinder nach, die meine einzigste Hoffnung im Leben waren und die - so träumte ich damals - mir alles einst ersetzen sollten, was dasselbe mir in fast allen anderen Beziehungen versagte. Mein Mann sprach von einem Hauslehrer und daß es ja nur für kurze Zeit sein würde und er selbst wünsche, daß die Knaben studieren sollten etc. etc. Ich nahm ihm das Versprechen ab, nach höchstens 1 - 2 Jahren*

dieselben auf ein Gymnasium zu thun. Wie traurig ich an diese Übersiedelung ging und wie schwer ich von Cassel schied, das fühle ich heute noch. (...)
Das Haus, in welches wir zogen, lag an der Landstraße etwas oberhalb der Schwalm und der Mühlräder, welche dieselbe trieb. Es war sonnig und schön, neu und geräumig, aber durch die beiden Hausthüren nach der Straße und dem Hof, und noch eine Dritte seitwärts gelegen, sehr zugig. Die Kinder waren selbstverständlich glücklich auf dem Lande, begleiteten ihren Vater auf die Jagd, gingen mit den Knechten ins Feld und begriffen sicher ihre Mutter nicht, die sich hier so grenzenlos verlassen und unglücklich fühlte. (...)
Der Hauslehrer, den sie hatten, war ein gewöhnlicher Elementarlehrer und unterrichtete die Kinder in seinen Fächern; ich selbst gab ihnen französischen Unterricht, weil ich immer die spätere Schule im Auge hatte, in welcher sie anderen Schülern nicht nachstehen durften.

Mit unglaublicher Zähigkeit erreichte es Henriette dann endlich, daß ihr Mann einem Umzug nach Marburg zustimmte. Zuvor war in der Schwalm noch ihr viertes Kind, eine Tochter, geboren worden, die den Namen Paula Maria Anna erhielt. Dieses vierte Wochenbett hatte sie an den Rande des Todes gebracht und sie brauchte drei Monate, sich zu erholen. In diese Zeit fielen erneut Geldschwierigkeiten, die Keller dadurch zu beseitigen hoffte, daß er eine ihm gehörende Silbermine in Mexiko verkaufen könne. Da aber seine Pläne fehlschlugen, sah sich Henriette gezwungen, ihre Mutter um Geld zu bitten, damit sie den Umzug finanzieren konnten.

"So entschloß ich mich denn, was mir sehr schwer wurde, nach Cassel zu reisen, meiner Mutter meine Sorgen vorzustellen und sie inniglich zu bitten, mir etwas Geld auf mein einstiges Guthaben vorzuschießen, um einen Umzug nach Marburg bewerkstelligen zu können. Sie gab mir sehr ungern tausend Mark mit der Bemerkung, daß ich auf sie in ähnlichen Fällen nicht mehr zu zählen habe, sie wolle die Trägheit Kellers nicht noch unterstützen! Mit bleischwerem Herzen reiste ich nach Marburg und fand glücklicherweise eine verhältnismäßig feine Wohnung vor dem Barfüßerthor in der Schwanallee, wo ich hoffte, daß sich mein Mann eher einleben würde als in einer der engen Straßen der Stadt. Als ich zurückkam aufs Land, fand ich, nachdem ich Keller das Geld eingehändigt hatte, keinen Widerstand mehr - wir bestellten einen Möbelwagen und der Umzug fand statt.
Ich war hier in den vier verlorenen Jahren meines Lebens in jeder Beziehung unglücklich gewesen. (...)
Es waren schwere Eindrücke, die ich mit mir nahm, aber bei unserer Abfahrt galt doch mein letzter Blick dem sonnigen Wald, der sich über dem Rain wölbte und dessen Wipfel sich still und geheimnisvoll im Aether wiegten. (...) Ich wandte mich ab - noch lag das Leben schwer vor mir - ich fühlte, wie mich namenlose Angst ergriff, wenn ich an die Zukunft dachte, die mir keine anderen Lichtpunkte zeigte, als meine Kinder - und selbst hier - wie würde es werden? Paula's goldener Lockenkopf schmiegte sich an meine Schulter - sie fühlte

mit mir, wann ich litt und liebkoste mir stumm die Sorgen von der Seele. Marburg! Du liebe Heimatstadt - wie hat mein Herz allzeit an Dir gehangen - wie hatte Dich die Ferne in meiner Erinnerung verklärt! Und doch war ich schweren Herzens, als ich vom Zug aus das liebliche Gebilde sah - das traute Lahnthal und die alten verkrüppelten Häuser, die sich so zärtlich zum Berg hinauf ans Schloß drängen. Aber das Thürmchen mit dem vergitterten Fenster, an dem ich so oft das bleiche Gesicht meines Vaters erblickt und von dem aus ich selbst als kleines Mädchen die weite Welt erschaut hatte. Wie war alles anders geworden! Nur wehmütige traurige Gefühle regten sich in mir. Wie es war und wie es sein könnte! Aber ich klammerte mich gewaltsam an das Nächste, was vor mir lag, an die Erziehung meiner Kinder, an ein Stilleben mit ihnen und an alle möglichen Hoffnungen, die ich damit verband. Um meinen Mann zur Übersiedelung nach Marburg zu überreden, hatte ich ihm auch unter Anderem versprochen, keine Besuche zu machen, keine Ansprüche an irgend eine Zerstreuung zu erheben und nur dem zu leben, was meine Pflicht gebot. Wie die Verhältnisse lagen, war mir die Aussicht auf dieses eingeengte Leben, da draußen unter den blühenden Kastanienbäumen, eine wahre Beruhigung.

Ich hatte Paulas Kindermädchen, das jetzt Mädchen für alles sein sollte, mitgenommen und so brauchte ich auch in dieser Beziehung keine Anknüpfungen zu suchen. Das einstöckige Haus, welches wir bezogen, bewohnten wir allein - eine Reihe größerer und kleinerer Zimmer - in deren enge Fenster sich die Zweige der Kastanien drängten und gleichsam die stille, herrliche Landschaft vergitterten (...) Die Kinder freuten sich mit mir auf die Schule. Hermann kam in die Realschule - Richard in die Quarta des Gymnasiums. Mein Erstgeborener war zart und schwächlich und ich freute mich, daß er nach und nach die Idee, Medizin studieren zu wollen, aufgab und sich entschloß, Kaufmann zu werden. Er wurde ein gewissenhafter, fleißiger Schüler, den man eher von der Arbeit abhalten als anspornen mußte. Mein zweiter Sohn Richard war sehr begabt und die Aufgaben der Schule wurden ihm leicht. Aber er hatte auch manche andere Interessen, war wild und liebte das Herumstreifen in der Natur. Mich interessierte ganz besonders seine geistige Entwicklung und mein Mann sowohl wie ich selbst bauten große Hoffnungen auf seine Zukunft. Mich zog noch, außer der Mutterliebe, eine ganz besondere Sympathie zu ihm, die wohl in seiner poetischen und musikalischen Begabung ihren Grund hatte. Andererseits machte er mir auch viel mehr Sorge als Hermann, denn es lag eine Übermacht in seiner Natur, die sich schwer der Schablone des Alltagslebens anpasste. Ich habe den Jungen, der immer so feines Verständnis für meine gedrückte und gequälte Lage hatte, ganz besonders geliebt. (...) Aber alles das war in damaliger Zeit nichts - gegen die Sorge um die geistige Hemmung von Ernst. Er besuchte die Schule kurze Zeit und wurde entlassen, er erhielt Privatstunde - es wurde nichts. Er kam abermals in die Schule und wurde wieder entlassen. Dann mühte sich mein Mann mit ihm ab und brachte ihm schließlich mechanisches Lesen und dürftiges Schreiben bei. Aber dabei blieb es. So sehr wir uns bemühten, ihm auch einen schwachen Begriff vom Rechnen zu geben - es blieb alles erfolglos. Er hatte ein enormes Erinnerungsvermögen, war musikalisch - aber regelrecht beibringen ließ sich ihm nichts weiter.

15 Blick vom Wilhelmsplatz in die Schwanallee. Die Familie Keller lebte vermutlich in der Schwanallee Nr. 21 (nach der alten Zählung in der Hausnummer 777).

Meine kleine, süße Paula lernte dagegen spielend Lesen, Schreiben und Rechnen und war mit ihrem kleinen Bruder Ferdinand, der kurz vor dem siebziger Krieg geboren wurde, der Sonnenschein des Hauses. Sie hatte eine liebe und mütterliche Fürsorge für dieses Brüderchen, die rührend war mit anzusehen. Es kam mir oft vor, als erhole sie sich bei ihm von den Quälereien, die sie von ihrem Bruder Ernst erdulden mußte. (...)
Wenn ich zwischen meinen Kindern saß, mir ihre Zukunft in süßen Träumen gestaltete, fehlte mir nichts. Mein Herz war ausgefüllt und ich lebte in ihnen."

Die oben zitierten Passagen aus den Lebenserinnerungen Keller-Jordans spiegeln mit erschreckender Deutlichkeit ein Leben wider, das sich selbst bereits aufgegeben hat und nur noch mit Rücksicht auf die Kinder weiterlebt. Stellvertretend für sie selbst sollen die Kinder einmal ein erfülltes Leben haben und nur dieser Gedanke hielt sie aufrecht und ihre Energien wach. Im übrigen sind die Ehejahre Jahre des Leidens, der Depressionen, der Melancholie und der psychosomatischen Krankheiten. Nirgends - außer in der Kindererziehung - wird ein Betätigungsfeld Henriettes sichtbar, aus dem sie Mut und Kraft für eigene Lebenspläne hätte beziehen können. An einen ungeliebten Mann gekettet, nunmehr auch noch finanziellen Sorgen ausgesetzt und bei keinerlei Aussicht auf Besserung oder Änderung der Verhältnisse, verpuffen ihre eigenen Fähigkeiten ins Nichts und die verletzte Seele rächt sich bis hin zu körperlichem Leid und Schmerz.

Es gab zwar die Möglichkeit der Scheidung - und immer mehr Frauen gingen diesen Weg - doch Keller-Jordan scheint ihn zunächst nicht in Erwägung gezogen, zu haben. Auch wäre eine Trennung mit fünf noch unmündigen Kindern kaum in die Tat umzusetzen gewesen. Vermutlich hätte man ihr die Kinder sogar genommen. In ihrer Abhandlung über "Die Rechtsstellung der Frau in der bürgerlichen Gesellschaft des 19. Jahrhunderts" kommt Ute Gerhard zu dem Schluß, daß die Rede von der "elterlichen Gewalt" im Familienrecht "rechtspraktisch väterliche Gewalt (bedeutete), (...) gab doch die Entscheidung des Vaters in allen Fragen der Personensorge und der Kindererziehung den Ausschlag"[45].

Bevor sie ihren Mann letzten Endes doch verließ, hatte sie noch schwere Schicksalsschläge hinzunehmen:

> *"Lange, lange sitze ich vor dem leeren Papier - was ich erzählen muß, steht noch heute in trostlosester Deutlichkeit vor mir und umdüstert meine Seele. Wuchtig und schwer drängte sich das Verhängnis auf meinen Weg und nahm mir in dem düsteren Novembermonat 1874, in Zeit von wenigen Tagen, meine beiden jüngsten, schönen und begabten Kinder am Scharlachfieber, zuerst meine Paula, mein einziges 9-jähriges Töchterchen, dann 3 Tage später, mit 5 Jahren, meinen kleinen lieben, lieben Ferdinand! Paula entschlief sanft in meinen Armen, Ferdinand in schwerem Kampf, so daß ich seinen Tod beinahe - auch für mich - wie eine Erlösung fühlte.*
> *Unter strömendem Regen fand die Beerdigung des armen theuren Kindes statt - und mein Hermann, der gerade zu Hause war, holte sich dabei eine Lungenentzündung. Ernst legte sich gleichfalls am Scharlachfieber und so taumelte ich in meines Herzens Jammer in neue Sorgen.*
> *Als ich zum erstenmale wieder eine Nacht geschlafen hatte, morgens erwachte und mir das Bewußtsein kam, daß meine Kinder tot seien - meine Paula - nie, nie, nie wiederkommen würde - fiel ein Fels von Elend und Trauer auf meine Seele - dessen Druck mich nie mehr verlassen hat. (...)*
> *Für mich begann nun eine öde Zeit der Leere und Trauer und Sorge. In den ersten sechs Monaten war Richard noch zu Hause, aber er vertrug sich so wenig mit seinem Vater und die Szenen, auch dadurch, daß er mir beistand - wurden so häufig und heftig, daß mein Mann schließlich einwilligte, ihn nach Darmstadt zu geben, um sich dort für das Maturitätsexamen weiter vorzubereiten. - Wie war es dann leer im Hause und wie ließ mein Mann nach und nach jede*

---

45 Gerhard 1988, 453

Rücksicht bei Seite! Ich fühlte wohl und kannte, daß sein Geld zur Neige ging und daß er nie den Muth haben würde, hier aus seiner Rolle zu fallen, seine Lage einzugestehen und sich eine Beschäftigung zu suchen. Sein ganzer Unmuth und sein Zorn ergoß sich über mich, und diese Zeit wurde zu einem Martyrium grausamster Art. (...)
Die Angst, die mich damals erfaßte, fühle ich heute noch. (...)
Ich hatte ein Grauen und eine Angst vor ihm, die mich beinahe töteten. Ich liebte ihn nicht mehr - ich haßte ihn. Er hatte mir 20 Jahre lang schauerliches Unrecht gethan - alle guten Geister empörten sich in mir. Er hatte mich mit Verleumdungen gequält, die zum Himmel schrieen. Ich konnte nicht länger auf diese gemeine Weise leiden - ich war am Ende. Stundenlang lag ich an den Gräbern meiner Kinder, um Ruhe zu suchen. Ich fand sie nicht. Auch meine Mutter grollte mir, weil mein Mann nichts arbeitete und nichts verdiente - ich mußte auch diese ungerechte Bürde noch auf mich nehmen.
Endlich brach ich an einem Tage, von seiner Rohheit gefoltert, zusammen, und legte mich im Fieber zu Bett. Er gebot mir, aufzustehen - ich konnte nicht. Mein Mädchen holte heimlich den Arzt. Ich sehe noch immer den alten Herrn, der schon bei meinen Eltern Arzt gewesen war, an meinem Bette stehen. Sein Gesicht war nachdenkend und traurig - er schüttelte den Kopf, aber sagte nichts. Einige Tage später kam Richards Freund Karl Roser und sagte mir, daß Richard in dessen elterlichem Hause sei und daß ich mich rasch beeilen möchte, da er mich auf alle Fälle mit nach Tübingen nehmen würde, wo Richard studierte. Also doch ein Ausweg! Endlich! Daß ich nicht länger mit Keller - nach den letzten Ereignissen, die ich ungesprochen in mir vergraben will, leben konnte, stand fest. Wo konnte ich besser mit dem Leben ringen, das ich mir selbst verdienen wollte, als unter der schützenden Liebe meines Sohnes? Ich wußte, daß ich eine schwere Bürde auf mich nahm, aber ich war auch überzeugt, daß sie doch leicht sein würde im Vergleich mit derjenigen, die ich in den letzten Jahren getragen hatte.
Damit mich mein Mann nicht verfolgen konnte, hatten die Freunde Richards einen Wagen genommen, der uns bis Kirchhain bringen sollte, von wo aus wir dann nach Cassel zu meiner Mutter fahren wollten und sie uns etwas Geld bitten. In der Nacht war ein gräßlicher Sturm gewesen, die halbe Stadt war daher auf der Landstraße, um die Verheerungen mitanzusehen. Auch Keller war schon früh fortgegangen und ich konnte meine Vorbereitungen treffen und unverdächtigt das Haus verlassen. Mein Mädchen war mir treu ergeben und freute sich förmlich - zu ihrem Schaden - daß ich endlich von diesen Qualen erlöst wurde. Als wir aber auf die Landstraße kamen, waren die Wege unfahrbar. Ganze Baumstämme lagen wie Leichen am Boden und es war keine Möglichkeit, mit dem Wagen weiterzukommen, wir mußten uns - müde wie ich schon war - bis Kirchhain hindurch klettern. Ich hatte nichts bei mir als eine kleine Tasche mit den Manuskripten literarischer Arbeiten, die ich zu verwerthen hoffte, nachdem ich sie umgearbeitet haben würde.
Der Abschied von den Freunden in Kirchhain wurde mir schwer, denn nun blieb ich mir selbst überlassen und konnte mich noch nicht mit dem Jammer um Ernst versöhnen, den ich vorläufig, so dachte ich damals, zurücklassen mußte. Ich hatte doch noch keine bloße

Ahnung davon, wie schwer es für eine Frau ist, die weder über Geld noch Beziehungen zu verfügen hatte, sich selbst zu ernähren. Ob meine Seele wieder zum Leben kommen sollte?"

Die hier geschilderte Trennung vom Ehemann war eher eine Flucht denn ein Auseinandergehen. Vermutlich scheute sie die Aussprache mit Keller, der zu Gewalttätigkeiten neigte, und zog daher diese - im wahrsten Sinn des Wortes - "Nacht und Nebel-Aktion" vor. Die Eheleute sind übrigens niemals geschieden worden, haben sich aber auch nicht wiedergesehen und es hat keinerlei finanzielle Regelungen gegeben, so daß Henriette fortan finanziell auf sich allein gestellt war, während er das restliche Vermögen - welches zur Hälfte ihr gehörte - für sich behielt.

Nun begann ein neuer Lebensabschnitt für Henriette Keller-Jordan. Sie ging mit ihrem Sohn Richard nach Tübingen, mietete sich dort ein kleines Zimmer und begann als Vierzigjährige ein selbständiges Leben.

5. Neuanfang in Tübingen: Eine Schriftstellerin wird geboren

Die gesellschaftlichen Verhältnisse des ausgehenden 19. Jahrhunderts waren nicht so eingerichtet, daß eine alleinstehende Frau darin ohne weiteres ihren Platz hätte finden können. Sie war fortan als geschiedene beziehungsweise von ihrem Mann getrennt lebende Frau mit einem schweren Stigma behaftet und konnte daher auch kaum auf Hilfe von außen rechnen.

"Scheidungen", sagt Ingeborg Weber-Kellermann, "galten in der zweiten Hälfte des 19. Jahrhunderts noch mehr als Skandale wie zu Anfang, und Cosima von Bülows Scheidung und Wiederverheiratung mit Richard Wagner (1869/70) erregte die Gemüter über die Maßen. - Theodor Fontane hat in "Effi Briest" das Schicksal einer geschiedenen Frau gesellschaftskritisch erzählt: Verbannt von ihrem Mann, der weder willens noch fähig ist zu einem klärenden Gespräch, verurteilt von ihren Eltern, die sich ohne menschliches Verständnis auf die Seite ihrer Kaste stellen, geht Effi zugrunde. Gegen all diese deprimierenden Regeln und Gesetze, vor allem aber gegen die ungleichen Bildungschancen und die Berufsunfähigkeit der bürgerlichen Frauen kämpfte nun in jahrzehntelangem Ringen um ein gewisses Maß an Gleichberechtigung in persönlicher und politischer Hinsicht die bürgerliche Frauenbewegung"[46].

Es kann hier nicht der Ort sein, die Entstehungsgeschichte der Frauenbewegung nachzuzeichnen und die unterschiedlichen Zielsetzungen der nun überall entstehenden Frauenvereine zu beschreiben, Emanzipationsbestrebungen, die letztendlich für Henriette Keller-Jordan zu spät kamen. Mit 50 Jahren hatte sie keine Chance mehr, die nun erkämpfte Möglichkeit zum Frauenstudium zu ergreifen oder auch in anderer Richtung eine Berufsausbildung anzuvisieren. Doch dafür brachte sie andere Qualifikationen mit nach Tübingen, die ihr zu einer Erwerbsquelle und Identitätsfindung verhalfen. Der umfassende Privatunterricht, den sie in ihrer Jugend erhalten hatte und auch das enorme Maß an Lebenserfahrung, das sie als reife Frau mitbrachte, waren die beiden Stützpfeiler für ihren neuen, wichtigen Lebensabschnitt. So ernährte sie sich durch Stundengeben und verfaßte gleichzeitig ihre ersten literarischen Arbeiten. Daß dieser Weg, vor allem am Anfang, mehr als steinig war, dürfte klar sein:

"An einem rauhen Märzabende, an welchem dicke Schneewolken auf der schwäbischen Alb lagen, kam ich in Tübingen an. Ich war die letzten 3 Stunden durch eine fremde Welt gefahren; mit sorgenvollen Gedanken belastet, hatte ich die ersten Hopfenanpflanzungen sich an meinen gleichgültigen Blicken vorüberdrängen sehen, fremde Gefilde geschaut und einen noch niemals gehörten Dialekt vernom-

---
46   Weber-Kellermann 1983,142

16 Schloßterrassen Tübingen. Blick ins Neckartal.

men. Ich beachtete das alles kaum. Der Faden meines Lebens war zerissen - ich schien mir selbst eine Andere und ich mußte es erst lernen, mich zurecht zu finden. Ich stand nun allein, den Stürmen preisgegeben, und das Brodt, daß ich essen würde, sollte ich mir selbst erwerben. (...) Aber es umwehte mich ein frischer wohliger Hauch - der Hauch bewusster Menschenwürde - und Freiheit.
Am anderen Morgen kam mein Richard und wir überlegten, wie wir am besten unser Leben einrichten könnten. Da der junge Roser, Richards Schulkamerad und Freund, sich unserem Normadenleben gerne anschliessen wollte, so beschlossen wir, uns Mittags das Essen auf mein Zimmer holen zu lassen und Abends wollte ich den Thee und das Abendbrodt selbst bereiten. Zu diesem Zweck kauften wir

uns die nöthigen Geräthschaften, wie Teller, Messer, Gabel und Löffel etc. natürlich alles minderster Qualität. Aber wir hatten Muth und Arbeitslust, und es hatte auch etwas Poetisches nach so langem gequältem und geängstetem Sein, in Frieden sein eigenes Leben leben zu dürfen. Ich war zudem immer noch der Meinung, mein Mann würde mir mein kleines, von meinem Vater erhaltenes Capital geben, was ich zu Richards Studium verwenden wollte; mich selbst wollte ich mit eigener Arbeit durchbringen. (...) Eine Frau, die in damaliger Zeit einen solchen Schritt that, wie ich ihn gethan, hatte die öffentliche Meinung gegen sich, und es waren nur die Wenigen, die mein Familienleben genau gekannt hatten, die meinen Schritt billigten und mir Hilfe boten. In erster Linie Baumeister Scheele mit Frau, in Altona, die in Marburg längere Zeit unsere Nachbarn gewesen, und mir förmlich zu dem Muth gratulierten, den ich ihrer Meinung nach bewiesen. Sie boten mir das Geld zu Richards Studium an, was ich ihnen dann später mit Zinsen von meinem Capital zurückerstatten sollte. (...) Ich hatte während der Zeit, neben einigen französischen Stunden, die ich gab, einen langen Roman geschrieben, der vielleicht für ein Zeitungsfeuilleton nicht allzu schlecht gewesen wäre, allein mein eigenes Urtheil sträubte sich dagegen, ihn zu veröffentlichen und ich legte ihn zurück, um ihn später umzuarbeiten.
Ich schrieb dann auf Rath einiger Bekannten zwei kleinere mexikanische Geschichten - aber ich konnte sie nicht vollenden, bevor Richards Schicksal entschieden war, der mir zögernd den Plan gestanden, ins Ausland, nach Mexiko, dem Lande seiner Geburt zu gehen, falls ich nichts dagegen habe und nicht zu sehr unter dieser Trennung leiden würde. (...)
Mir brach beinahe das Herz! Nicht allein der Trennung wegen, die so düster vor mir stand, sondern vor allem seiner Talente, seiner eminenten, geistigen Fähigkeit halber - für die Mexiko, bei Gott, kein ergiebiger Boden war. Aber was konnte ich ihm - ich arme Mutter - in der Heimath bieten als Entbehrungen aller Art, Sorgen und Kümmernisse! -
Andern Tags schrieb ich an Freund Scheele, ob er mir das nöthige Reisegeld für Richard borgen wolle, bis ich es ihm, oder er selbst, einst mit 5 % Zinsen zurückerstatten würde. Das Geld, welches meine wenigen Brillanten eingebracht, die Richard verkauft hatte, als er nach Tübingen ging, war längst verausgabt, auch das Geld, welches mir meine Mutter gegeben, ging zur Neige - ich hatte auf so große Ausgaben, wie sie das Studium mit sich brachte, nicht gerechnet und so stiegen ganze Gebirge von Sorgen vor mir auf, und es blieb mir ein schwacher Trost bei der Trennung, daß ich in Zukunft diese Sorgen allein tragen durfte."

Damit hat Keller-Jordan die Hauptschwierigkeiten benannt, die sie für ein Leben in Freiheit zu meistern hatte. Trotz dieser Bedrängnisse fühlte sie aber zum ersten Mal "bewußte Menschenwürde", wie sie es nennt und ein "wohliges Freiheitsgefühl". Der neue Lebensabschnitt nötigte sie - und gab ihr gleichzeitig die Chance - aus sich selbst zu schöpfen und sich damit als Individuum ganz neu zu empfinden, so als würde sie noch einmal geboren.

Nachdem ihr Sohn am 13. November 1876 nach Mexiko aufgebrochen war, blieb sie allein in Tübingen zurück und es

> "kam zum erstenmale die Verzweiflung der Armuth über mich und als ich nach Hause kam in meine dürftige Stube - schrieb ich Offerten als Erzieherin für erwachsene Töchter in die Kölnische und Frankfurter Zeitung. Alle Einsendungen aber blieben erfolglos. (...) Mit dem neuen Jahre ordnete ich mein Leben nach den kargen Einnahmen, die ich durch meine Stunden und die litterarischen Arbeiten hatte. Meine beiden Novellen "In der Fremde" und "Die weiße Rose" hatte ich beendet, die erstere fand Aufnahme für 200 Mark in der "Stuttgarter Landeszeitung", die zweite für etwas mehr in der "Gartenlaube". Ich war stolz und glücklich, daß ich nun auf eigenen Füßen stand, wenn ich auch manchmal dabei hungern mußte. Dr. Schlageter, der Redakteur der Landeszeitung, hatte sich sehr günstig über meine Novelle ausgesprochen und mir gerathen, zu allen übrigen Arbeiten nur stolz den eigenen Namen zu setzen. Auch die Geschichte in der Gartenlaube hatte Erfolg, da mir kurz nach dem Erscheinen die Redaktion schon einen englischen Brief übermittelte, worin man mich um die Erlaubnis bat, dieselbe ins Englische übersetzen zu dürfen. Zu meinen wenigen Schülerinnen, die ich anfänglich hatte, war auch eine junge Russin, Frl. v. Bergmann gekommen, mit deren Mutter ich in ein engeres Freundschaftsverhältnis trat. Unsere Beziehungen wurden so vertraut, daß ich bald nachher in ihre Wohnung zog und mir ein paar kurze Jahre lang wieder ein annäherndes Familienleben wurde. Ich hatte meine beiden Zimmer nach der Rückseite, konnte Tags über ungestört arbeiten und Abends im Familienkreis verbringen. (...) Ich danke ihnen Manches - vor allen Dingen die Bekanntschaft eines jungen norddeutschen Studenten, namens Tesdorpf, der sich in meinem späteren Leben als wirklicher, vielleicht einziger Freund zeigte."

Es gelang Henriette Keller-Jordan auch alleine in relativ kurzer Zeit Fuß zu fassen und sich bald über das Stundengeben hinaus mit literarischen Arbeiten einen Teil ihres Lebensunterhaltes zu verdienen. Sie traf auf Menschen, die sie in dieser Tätigkeit bestärkten, wie z.B. den Prof. Du Bois-Reymond,

> "der gegen mich (...) von einer Rücksicht und Liebenswürdigkeit (war), die ich ihm nie vergesse. (...) Auch meine kleinen, damals nur noch wenig gedruckten Arbeiten interessierten ihn sehr, und er erklärte mir ganz ernsthaft, daß da in Zukunft der Schwerpunkt meiner Thätigkeit liegen müsse, zum Unterrichten sei ich auf Fälle zu gut. Er meinte es ehrlich mit mir, lud mich fast jeden Sonntag zu Tisch und behauptete, daß er sich die ganze Woche auf meinen Besuch freue. (...)
> Im Ganzen hatte ich, während ich bei Bergmanns wohnte, wenig Schüler und ich benutzte meine Morgenstunden zum Schreiben. In jener Zeit entstand mein mexikanischer Roman "Roderich Wallner". Als ich ihn beendet hatte und derselbe Allen gut gefiel, denen ich ihn vorlas, war ich glücklich. Ich hatte noch keine Ahnung davon, daß für den Schriftsteller heutiger Zeit das Unterbringen seiner Arbeit fast

schwerer sei als das Schreiben selbst. Wohlgemuth schickte ich ihn an zwei verschiedene Redaktionen, er kam mit dem Bescheid zurück, daß man bereits mit Material überbürdet sei. Eine andere Redaktion bot mir 70 Mark. Ich war natürlich entrüstet und forderte umgehend mein Manuskript zurück. Während der Zeit schickte mir Richard, der in Mexiko sofort eine Stelle gefunden hatte, monatlich 50 Mark, was mich mit dem, was ich verdiente, vor Noth bewahrte. Er hatte selbst kein großes Gehalt und so drückte mich das furchtbar. Im Übrigen blieb die Frage der Scheidung, die meine Mutter durchaus befürwortete, unerörtert. Mein Mann reagierte gar nicht darauf und nur von meinem Sohn Hermann erhielt ich von Zeit zu Zeit kühle Briefe, ungefähr wie man an eine schuldige Mutter schreibt, die den edelsten der Männer betrogen hat. Aber während seine Mutter darbte und arbeitete und lediglich um sich ihre Selbstachtung zu bewahren aus ihrem Haus gegangen war, lebte sein Vater in den angenehmsten Verhältnissen auf dem Lande, was er ja immer besonders geliebt hatte. Er hielt sich eine Magd, hatte seinen Wein im Keller und ging auf die Jagd. Gott ist mein Zeuge, daß ich froh darüber war, daß ich allein die Consequenzen meines Schrittes tragen durfte und daß Er nicht meinethalben darbte. Meine Mutter aber bestand vorzüglich deshalb auf einer gerichtlichen Scheidung, weil unser Ehecontract auf Gütergemeinschaft lautete und ich, im Fall ihres Todes, nicht einmal mein Vermögen in die Hände bekommen würde. Glücklicherweise kümmerte mich das damals nicht sehr - meine Mutter lebte, gottlob, und ich selbst fühlte eine Schaffenskraft in mir, die mich mit Muth beseelte. Von meinem Mann erhielt ich nichts! -

Plötzlich entsteht eine neue Persönlichkeit, eine, die dabei ist, ihre eigene Identität aufzubauen und zu verteidigen. Wiedererlangter Lebensmut, Schaffensdrang und die dazugehörende Kraft ergänzten einander, und an das alte zurückliegende Leben mit Keller wollte sie möglichst nicht erinnert werden. Einer gerichtlichen Auseinandersetzung ging sie trotz materieller Nachteile aus dem Weg. Die Erfahrung, ihr Leben alleine - auch finanziell - meistern zu können, versetzte sie in eine wahre Euphorie, die ihr die Kraft gab, Ungeahntes zu bewerkstelligen.

"Wenige Monate später (...) fand ich eine kleine behagliche Wohnung am Uhlandsplatz, in welcher ich mit Lust und Ruhe zu arbeiten begann - und auch manchen Erfolg zu verzeichnen hatte. Ich hatte mir meinen Salon mit Hilfe meiner Aufwartefrau selbst tapeziert und angestrichen, Vorhänge aufgemacht und alles ohne Kosten hergerichtet. (...) Die Fenster des kleinen Salons gingen auf eine schöne Platanenallee, dem Neckar entlang, dessen sanftes Rauschen mir eine trauliche Musik wurde. In der Ferne sah ich allabendlich die Sonne hinter der Schwäbischen Alb versinken und wunderbare Farben zogen über die Berge. Zum erstenmale nach langer Zeit fühlte ich wieder das Glück eines eigenen Heims und den Frieden, den reines Streben in der Arbeit gibt. Gute Freunde versorgten mich mit

Büchern von der Staatsbibliothek und das stille ungestörte Studium wurde mir zum Genuß.
Ich schrieb neben den "Erinnerungen aus dem Leben einer jungen Frau" verschiedene Aufsätze und Novellen, die theils in der "Frankfurter Presse", der "Elberfelder Zeitung", dem Württemberger "Museum", dem Stuttgarter "Unterhaltungsblatt", in welches Beiträge zu liefern der Redakteur persönlich von Stuttgart kam und mich aufforderte, theils in der "Gartenlaube" etc. erschienen. (...)
Als dann der erste Frühling kam, die Bäume grünten und der Neckar sanft zu rauschen begann - fühlte ich mich in meiner Arbeit zufrieden und ausgefüllt. Die Vormittage füllten meine Schüler aus, meist Studenten und Gymnasiasten aus aller Herren Länder. Ich gab französischen, spanischen und englischen Unterricht und hatte mich derart hineingearbeitet, daß mir die Grammatik immer interessanter und bedeutender erschien. (...) Aber ehrlich gestehe ich doch, daß, wenn mich nicht die pekuniäre Noth gezwungen, ich alle Schüler und Schülerinnen abgewiesen haben würde und nur der Wissenschaft und meinen litterarischen Arbeiten gelebt hätte. In den Abendstunden, in denen es todesstill um mich war und nur das leise Rauschen der Platanen in das geöffnete Fenster flüsterte, vollendete ich meine "Mexikanischen Novellen", von denen ich still träumte, daß sie einmal in einem Buch veröffentlicht werden könnten. Ich litt nicht unter der Einsamkeit - es war für mich ein stilles Versenken in mein vergangenes Leben, in die Geschicke meiner Söhne - und ein Genießen dessen, was groß und ewig ist. Im Gegentheil, die Ruhe tath mir gut - sie legte sich erbarmungsvoll um meine gequälte Seele, die krank von allem Elend war und nun still zu genießen begann.
Auch fehlte es mir nicht an guten Menschen. So überraschte mich eines Tages mein junger Freund Tesdorpf, der inzwischen in München studirt hatte und nun für ein Semester Tübingen wieder aufgesucht. Ich hatte in der Zwischenzeit nichts von ihm gehört und war um so mehr überrascht, daß er mir in so theilnehmender Weise entgegenkam. (...) Einmal kam er wie ein Erlöser, ich lag krank im Bett und hatte Niemanden, der mir eine Lampe anzünden konnte. Er brachte mir Blumen. Was mich aber ganz besonders rührte und den ersten Stein zu einer dauernden Freundschaft legte, war, daß er mich eines Tages bat, doch Geld von ihm anzunehmen, falls ich einmal in Verlegenheit sei, er habe sein kleines mütterliches Erbe erhalten und wisse ohnehin nicht, ob Geld seinem Studium zum Vortheil gereiche. Ich habe ihm diese That nie vergessen und habe erst später von ihm selbst erfahren, daß die Veranlassung dazu ein Mittagsbesuch gewesen sei, wobei er bemerkt, daß ich nichts zum Essen gehabt habe als einen kleinen Topf mit Kaffee. Wie oft war das in damaliger Zeit mein Mittagsbrot - und, ach, wie wenig habe ich darunter gelitten. Ich trank ihn in Frieden - der Kaffee war ohnedies ein Geschenk meines Sohnes Richard. (...)
Und doch war ich ruhig und glücklich in jener Zeit, und hätte ich nicht Sorgen und Kümmernisse um meine Kinder - auch meinen armen Sohn Ernst gehabt - ich hätte mir nichts Besseres gewünscht. Ich genoß mit so vollen Zügen den Frieden und die Achtung der Menschen, die ich nach und nach immer mehr zu fühlen begann. Und dann - das Ungestörte sich Versenkenkönnen in alles, was mir groß und herrlich schien! Ich studirte Shakespeare und Goethe -

vertiefte mich in philosophische Werke, wozu mich Prof. Du Bois-Reymond besonders angeregt hatte, und suchte mir jene Anschauung zu verschaffen, die über dem Alltäglichen steht und bei welcher der Mensch begreifen lernt, daß seine Begriffe von Glück und Unglück - viel zu wesenlos und unwichtig dem Universum gegenüber sind - um darüber zu jubeln und zu jammern. Dazu kam das Bewußtsein der Unabhängigkeit! Von Niemandem abzuhängen - kein Gekeifer zu höhren über die Alltäglichkeiten des Lebens, die in so manchen Menschen das Beste zu Grunde richten. Oh - ich wußte - und genoß was mir geblieben war! (...)
Ich schrieb in dem Jahre meinen großen Roman "Lelia Rubien" der in Deutschland spielte und vergrub mich in die Arbeit mit wahrer Schaffensfreude. Ich hatte damals Niemanden, dem ich ihn hätte lesen mögen oder besser gesagt, dem ich soviel Interesse und Urteil zutraute, um den Muth dazu zu haben.
War der Roman etwas werth - und wo ihn unterbringen? Beziehungen hatte ich gar keine - außer der Gartenlaube und dahin paßte er meines Erachtens nicht. Wenigstens machte ich keinen Versuch. Ich hatte in dieser Beziehung so wenig Erfahrung und gar kein merkantiles Talent - das Feilschen und Handeln mit geistiger Arbeit erschien mir verächtlich. Und so verkaufte ich meine "Lelia Rubien" an die Firma Kappler und Richter in Stuttgart zu dem Zweck der Verbreitung in Tagesblätter. Man bezahlte mir elenderweise 300 Mark dafür, während Kappler und Richter denselben in eine Reihe von Blättern (...) zum Abdruck brachten und, geringgerechnet, ihre 2.000 Mark damit verdienten. Der Roman gefiel und hat mir manche freundliche, mündliche und schriftliche Anerkennung gebracht. Auch eine etwas blaße Geschichte "Großtante Helene" hatte ich kurz vor jener Zeit geschrieben, die mich aber nicht befriedigte und die ich deshalb zurücklegte und als nicht vorhanden betrachtete. Merkwürdigerweise wurde sie im Jahr 1899 in Berlin in einem kleinen Buche gedruckt und zwar durch eine Gelegenheit, bei welcher ich eigentlich unschuldig war. Die "Massenverbreitung guter Schriften" in Weimar ging mich nämlich um eine Erzählung an, und da ich nichts hatte und nicht unfreundlich sein wollte, schickte ich dieses alte Manuskript mit dem nötigen Commentar und in der festen Überzeugung, daß sie es nicht annehmen würden. Aber es geschah doch und wurde sogar - (man hatte die Absicht es in einem Bande mit einer anderen Erzählung zu bringen), ganz für sich in schöner Ausstattung verwerthet. Mir bleibt die Erzählung indessen allzeit ein Stiefkind.
Ich war nun im rechten Fahrwasser, schrieb alle möglichen kleinen Aufsätze und kleinere und größere Novellen, wie "Er und Sie", "Ihr letzter Brief", "Der alter Herr Professor" etc. etc. (...)
Gesellschaftlichen Verkehr hatte ich nur wenig. Ich vermied ihn so viel als möglich, weil ich die Einladungen nicht erwidern konnte und das Drückende meiner Lage zu Hause weniger empfand. (...)
Ich hatte nun in meiner freien Zeit ehrlich gearbeitet, aber nie, obgleich man mir immer Muth gemacht, daran gedacht, einen Verleger zu suchen. Schließlich wollte es der Zufall, daß mich Köfler, der Inhaber der Osiander'schen Buchhandlung, gelegentlich fragte - ob ich nicht einen Band bei ihm verlegen wollte. Ich eilte, wie von Flügeln getragen, nach Hause und war glücklich. Es war Hochsommer, meine Fenster waren weit geöffnet und mir war es, als ströme mir

eine Luft entgegen - die alle Düfte der Erde auf ihren Schwingen trüge. Sein erstes Buch gedruckt, gedruckt zu sehn - es hat selbst schon im Vorgefühl etwas Berauschendes.

In diesen Passagen offenbart sich ein ganz neuer Mensch, eine Henriette Keller-Jordan, wie es sie bis dahin nicht gegeben hatte. Trotz bedrückender finanzieller und materieller Verhältnisse suchte und fand sie ihren eigenen Weg und erlebte ein euphorisches Glücksgefühl, das aus ihrer Arbeit und der damit verbundenen Gewinnung ihrer neuen Persönlichkeit resultierte. Dabei dürfen wir nicht vergessen, daß sie dieses neue Leben zunächst mit einem sozialen Abstieg bezahlt hat. Sowohl als Tochter Sylvester Jordans als auch als Ehefrau des Kaufmanns Edgar Keller hatte sie zu einer sozialen Schicht gehört, die sich streng nach unten - etwa zum Kleinbürgertum - abgrenzte und an großbürgerlichen Vorstellungen orientierte. Für die groberen Arbeiten verfügte man hier grundsätzlich über Personal und es ist interessant, in ihren Erinnerungen zu lesen, daß sie selbst in Zeiten der materiellen Krisen auf dieses nicht verzichtet hat. Sogar in ihrer kleinen Tübinger Ein-Zimmer-Wohnung ließ sie sich einmal täglich eine Hilfe kommen, die ihr einheizte und das Mittagessen richtete, so daß es ihr nur noch oblag, sich Frühstück und Abendessen selbst zuzubereiten. Sie versuchte damit, so gut es ging, in den ihr vertrauten bügerlichen Attitüden zu verharren, da diese ihr gerade in jener extremen Situation als Halt erschienen sein mögen. Dazu kam noch, daß es völlig an Vorbildern mangelte, an denen sie sich hätte orientieren können. Ihr großes Idol war zwar die in Männerkleidern reisende und selbstbewußt lebende George Sand, doch solche Frauen verkörperten erst recht gesellschaftliche Außenseiter-Positionen, die Keller-Jordan ja gerade fürchtete. Die Rolle des Vamp war auf sie nicht zugeschnitten, vielmehr mußte sie ihre neuen Lebensinhalte erst finden und definieren. Das Stundengeben ermöglichte ihr, Kontakte zu Professorenkreisen zu knüpfen beziehungsweise aufrechtzuerhalten und sich damit in der Schicht zu bewegen, die ihr von Kindheit an vertraut war. Einladungen nahm sie zwar gerne an, sprach aber ihrerseits keine aus, damit ihre reale Situation unentdeckt blieb. Damit befand sie sich auf einer komplizierten Gratwanderung, die sie aber mehr und mehr zu meistern imstande war. Je stärker ihr Selbstwertgefühl wurde, um so mehr Schaffenskraft stand ihr zu Gebote, die sich wiederum positiv auf ihr Ich-Bewußtsein auswirkte. Wäre nicht die Angst vor der goßen Leere dagewesen, hätte sie den Schritt zur Selbstbefreiung mit Sicherheit schon früher getan. Auf diese Leere stießen die Frauen gezwungenermaßen, wenn sie die Identität, die ihnen die männliche Ordnung in Form von "Frauenbildern" vorgab und anbot, nicht annahmen, da sie ihr eigenes Ich finden wollten. Diese Leere einzukreisen, sie zu fassen und sich selbst zu definieren und auszufüllen, war die Aufgabe, die Keller-Jordan leisten mußte. Und als ihr erstes Buch in den Druck ging, war diese Aufgabe bereits gemeistert.

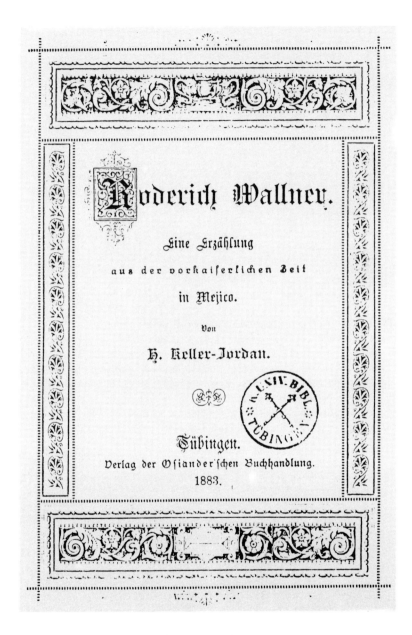

17 Roderich Wallner. Henriette Keller-Jordans erste Romanveröffentlichung.

"Als Höfler anderen Tags kam, um Näheres mit mir zu besprechen, hatte ich drei Novellen in Bereitschaft, die ich unter dem Collectivtitel "Mexikanische Novellen" in einen Band zu bringen beabsichtigte. Er war Feuer und Flamme für die Sache und versprach sich viel mehr davon als ich selbst. Auch seine Bezahlung schien mir mit meinen geringen Ansprüchen nicht schlecht, obschon mir später Sachverständige sagten, er hätte mir das Doppelte geben müssen. Während des Gespräches über die Ausstattung des Buches erwähnte ich ganz zufällig meinen Roman "Roderich Wallner", der noch immer als Manuskript in meinem Schranke lag. Er erbot sich sofort, denselben gleichfalls in Verlag zu nehmen und stürzte sich förmlich auf die Sachen. Schon nach zwei Monaten erschien sehr schön ausgestattet "Roderich Wallner", nach weiteren 6 Wochen folgten die "Mexikanischen Novellen.

Ich kann es nicht beschreiben, wie glücklich ich war, als ich mein erstes Opus in Händen hielt! Also doch etwas geleistet - nicht umsonst gelebt - so dachte ich und packte mit zitternden Händen - ich hatte ja Niemanden, der sich mit mir freute - die ersten Exemplare für meine Mutter und meine Söhne ein. Meine Freude war sicher größer als die ihrige. Es gab aber dann doch so Manches, was sie dämpfte und über das junge Autorenglück die ersten düsteren Schatten warf. Eigenhändig überreichte ich eines der ersten Exemplare meinem allzeit treuen Freund Dr. Tesdorpf."

Daß diesem ersten Buch noch viele folgen würden, konnte Keller-Jordan zu diesem Zeitpunkt noch nicht wissen, doch sie hatte den Bann gebrochen, war mit ihrem ersten Werk an die Öffentlichkeit gegangen und hatte sich damit auch der Kritik gestellt. Wurde das Buch größtenteils lobend aufgenommen, so blieben aber auch negative Rezensionen nicht aus. Sie stand nun am Anfang einer Schriftstellerkarriere, in deren Verlauf sie noch Hochs und Tiefs, Lob und Verriß auszuhalten lernen mußte. So stellte sich auch gleich nach dem ersten großen Werk ein seelisches Tief ein:

"In mein eigenes Leben trat nach allen diesen Erfahrungen dennoch eine seelische Ebbe, ich hatte eigentlich keinen Grund dafür - keinen einzigen haltbaren, aber ich hatte doch das Gefühl, als sei mir etwas abhanden gekommen, etwas wie das Sonnenflimmern, das durch den Herstnebel über die einsame Heide huscht - sie vergoldet und belebt und ohne welches es feucht, öde und kalt ist. Ich hatte erreicht, was ich mir das Höchste und Schönste gedacht - und ich war nichts glücklicher als zuvor. Das machte mich traurig und nachdenkend und ich kam in jene grübelnde Stimmung, die zum Verhängnis werden kann, wenn wir uns nicht darüber klar werden, daß in unserer Macht nur ein ehrliches Wollen liegt, daß wir aber nicht für das verantwortlich sind, was daraus wird. (...) Ich fühlte mich auch körperlich leidend - hatte Sorgen um meine Kinder und oft das bitterste Heimweh nach ihnen.

Die starke seelische Krise, die Henriette hier noch einmal durchlebte, ist zum einen auf den heftigen Streß zurückzuführen, der einem geistigen Werk in der Regel vorangeht, und zum anderen auf die Erkenntnis, daß nun abermals eine Neuordnung des Lebens verlangt wird, noch einmal an der Identität des eigenen Ichs gearbeitet werden muß. Für sie kam die Loslösung von ihren Kindern noch erschwerend hinzu, die sie zwang, ganz ohne familiären Rückhalt dieses neue Leben aufzugreifen und zu meistern. Dennoch lag darin ihre Lebens- und Überlebenschance, eine Tatsache, die sie auch ganz klar erkannt hatte. Als sie in späteren Jahren einer sich in einer Krise befindenden Freundin raten sollte, kam ihr diese Lebenserfahrung sehr zur Hilfe. Die Freundin erinnert sich: "So trat sie eines Tages unerwartet in mein Arbeitszimmer. (...) Mein Gesicht war in Tränen gebadet. Ohne zu fragen, ohne mich zu bemitleiden, zog sie mich neben sich auf das Sofa und sprach in einer Weise zu mir, als kenne sie den Zustand meiner Seele besser als ich selbst - meine innere Verlassenheit, meine Sehnsucht nach Verständnis und Liebe, nach Aufopferung und Hingabe. 'Arbeiten Sie!' Das war der Kern, das Geheimnis ihres Trostes. Damit gab sie Kraft in die Seele, teilte ihre eigene Kraft mit, die nie versagte. Das war der mächtige Zauber, der von ihr ausging. 'Arbeiten Sie! Einerlei, was, aber nicht zwecklos, nicht ziellos, sondern für eine große Idee, für ein geliebtes Wesen! Darin liegt der Segen der Arbeit, darin liegt ihr Wert!'"[47].

Dies war die Erkenntnis, die sie an sich selbst geleistet hatte, und die sie anderen weitergeben konnte. Sie selbst arbeitete nach der Herausgabe ihres ersten Romans unaufhörlich. Nacheinander erschienen elf Bücher, die sie noch zu ihren Lebzeiten veröffentlichte: Roderich Wallner, Mexikanische Novellen, Nathalie, Hacienda Felicidad, Die Grubers, Aus der Gegenwart, Transatlantisches, Lebenstiefen, Ausgewanderte, Großtante Helene und Wandlungen. Außerdem beteiligte sie sich an sechs weiteren Buchausgaben, wie etwa am Cotta'schen Musenalmanach von 1895 und 1900 mit den beiden Novellen: Rafaela und Mater dolorosa. Zu erwähnen sind auch die zahlreichen Beiträge in verschiedenen Zeitungen und Zeitschriften, die sie seit 1876 herausgab. Die von ihr im Jahr 1886 mitgegründete Zeitschrift "Hessenland" veröffentlichte Keller-Jordans Beiträge in insgesamt 23 Jahrgängen. Ganz zu schweigen von ihren noch ungedruckten Novellen, Romanen und Aphorismen, die sich in ihrem nicht unbedeutenden Nachlaß in München befinden.

---

47   Tesdorpf-Sickenberger 1911

6. Produktivität und Identität - letzter Lebensabschnitt in München

Auf das eifrige Zureden ihres Freundes Paul Tesdorpf, der sich mittlerweile als praktischer Arzt und Psychotherapeut in München niedergelassen hatte, wechselte Henriette Keller-Jordan noch einmal ihren Aufenthaltsort und zog im Jahre 1886 nach München. Die ein Jahr zuvor verstorbene Mutter hatte ihr ein bescheidenes Erbteil hinterlassen, mit dem sie die Neugründung des Hausstandes in Angriff nehmen konnte.

"Ich richtete mich in meiner kleinen hübschen Wohnung gemüthlich ein, nahm mir für des Morgens eine Aushilfe, die mir die Zimmer putzte und ging Mittags mit dem Dr. zusammen in eine Restauration. Abends machte ich den Thee selbst, den der Dr. mit etwas Butterbrot und Schinken bei mir einnahm. Wir hatten alles berechnet nach unseren Einnahmen und ich konnte mit etwas Nebenverdienst in dieser einfachen Weise leben."

Unmittelbar nach ihrem Umzug stürzte sie sich wieder in die schriftstellerische Arbeit. Ihr erster großer Roman in München behandelt die Hessische Geschichte, was auch autobiographisch als ein 'Zurück an die Wurzeln' betrachtet werden muß.

"Ich wollte nicht gerade die Zeit wählen, in welche meines Vaters Wirksamkeit fiel, um ihn zum Helden eines Romanes zu machen, wie es schon früher von anderer Seite geschehen war - Es widerstrebte das meiner kindlichen Verehrung für ihn. So vergrub ich mich in die dunkelste Zeit Hessischer Geschichte, aus welcher heraus das Volk nach einer Verfassung begehrte, und die eigentlich der Boden ist, aus welchem heraus Männer wie Jordan, Wippermann, Oetker etc. wachsen mußten. Sobald ich meinen Plan gemacht hatte, war ich auch begeistert dafür und fürchtete mich nicht mehr vor der Unruhe und Unterbrechung des Umzugs nach München, der mitten in meine Arbeit fiel. (...)
Die Arbeit machte mir große Freude und brachte mich leicht über die letzten Monate in Tübingen hinweg. Ich hatte mich ganz in meinen Stoff hineingelebt, das sociale und politische Milieu in mich aufgenommen und schrieb leicht und mühelos."

Mit dem Roman "Die Grubers" ist Henriette Keller-Jordan gewissermaßen der Durchbruch gelungen. Von nun an kann sie sich als Berufsschriftstellerin begreifen, wird als solche gesellschaftlich anerkannt und akzeptiert. Noch im gleichen Jahr erhielt sie die Aufforderung aus Kassel, eine Zeitschrift mit dem Titel "Hessenland" mitzugründen, die sich vor allem Hessischer Literatur und Geschichte widmen wollte.

18 Karlsplatz in München, Aufnahme um 1900.

"Man bat mich, für die erste Nummer eine kleine Novelle zu schreiben und auch in Zukunft an dem Blatte weiter mitzuarbeiten. Mir war die Idee sympathisch, ich liebte meine engere hessische Heimath über alles und so schrieb ich in den nächsten Tagen eine kleine Novelle unter dem Titel 'Antigone', der im Laufe der Jahre noch manche andere folgen sollte. Auch bei Kohlhammer in Stuttgart erschien im Laufe des Jahres ein weiteres Büchlein unter dem Titel 'Transatlantisches'. Es enthielt Reisebriefe vom Atlantischen Ocean und zwei Novellen; die Ersteren waren bereits einige Jahre früher in der 'Frankfurter Presse' zum Abdruck gekommen und hatten Beifall gefunden."

In München befand sich Keller-Jordan mitten im Zentrum des europäischen Geisteslebens. Und Schwabing war nicht einfach ein Münchner Vorort, sondern, wie Franziska zu Reventlow später formuliert, ein "Weltvorort" und ein "Zustand". Im ausgehenden 19. Jahrhundert befand sich hier eine Generation von Künstlern, Literaten und Philosophen, die sich der Avantgarde zurechneten und sich gegen all das wendeten, was der Generation der Väter als gesicherter geistiger Besitz gegolten hatte. Dieses Klima hat auch Henriette

Keller-Jordan in ihrem literarischen Schaffen beflügelt und ihr Dimensionen eröffnet, die im kleinbürgerlichen Marburg oder Tübingen schlechterdings nicht zu finden waren.

> *"Und nun athmete ich befreit auf und ließ ... alle herrlichen Kunstschätze Münchens auf mich wirken. Wie ein Traum war es mir, als ich zum erstenmale im Englischen Garten stand und die Reiher sanft über der Isar kreisten. (...) Es war mir, als begänne das Eis, das so lange auf meine Seele gedrückt - in dieser befreienden Luft zu schmelzen und ich empfand etwas von jenem beglückenden Mensch-Bewußtsein - wie Andere in geordneten Verhältnissen Lebende es wohl allzeit fühlen.*
> *Wie Vieles hatten diese einsamen Jahre in mir lebendig gemacht - wie Vieles, Vieles; aber ich lernte auch das lange Elend einer würdelosen Ehe, in der ich gelebt, ganz verstehen und dankte meinem Richard, daß er mich daraus erlöste. Meine Selbstachtung hatte sich gestählt - ich wußte, ich war dem Leben - wie es auch kommen mochte - gewachsen - ich fürchtete mich vor keiner Entbehrung, keiner Arbeit."*

Mit diesem neuen Selbstbewußtsein keimte in ihr der Wunsch auf, noch einmal Mexiko zu besuchen. Diesmal würde sie als anderer Mensch dort ankommen und das Land auf eine ganz neue Weise erleben. Im Sommer 1887 schiffte sie sich in Hamburg ein - allein und mit gemischten Gefühlen - doch mit der Hoffnung auf ein Wiedersehen mit ihrem Sohn, den sie 12 Jahre nicht gesehen hatte. Nach einer beschwerlichen Überfahrt endlich in Mexiko angekommen, trat zunächst eine große Ernüchterung ein:

> *"Ich hatte niemals daran gedacht, daß unsere Wege durch all die Jahre auseinandergegangen waren, daß Frau und Kinder ihn mir ja doch natürlicherweise entrückt haben könnten, während mein Herz und meine Gedanken ihn fester als je umklammert hielten. (...) Ich wollte es nicht glauben - und alle die tragischen Gedanken, die mich durchquälten - stieß ich immer wieder zurück und klammerte mich an jedes gute Wort von ihm."*

Nicht nur die Entfremdung von ihrem Sohn machte ihr zu schaffen, sondern das ganze Leben in Mexiko. Hatte sie bei ihrem früheren Aufenthalt als Deutsche unter Deutschen hier gelebt und es allenfalls mit mexikanischen Dienstboten zu tun gehabt, so mußte sie sich nun in die Familie ihres Sohnes einfügen, in der nicht einmal mehr deutsch gesprochen wurde. Ihre Eifersucht auf die mexikanische Schwiegertochter und deren Familie wird in Keller-Jordans Erinnerungen deutlich spürbar:

> *"Ich war nun wieder in Mexiko, eine lange Reihe von Jahren lag zwischen dem Damals und Heute. Ich selbst war in erster Linie anders geworden - anders und reifer und sah die Dinge nicht mehr so an, wie es früher der Fall gewesen war. Die heiße, staubige Schönheit der Stadt, mit dem ewig blauen Himmel, war mir nicht sympathisch,*

das Leben im Hause meines Sohnes trug einen fremden Charakter und ich litt darunter, daß er deutsche Sitten, deutsche Sprache, deutsche Gewohnheiten in keiner Weise zu vermissen schien. Wenn ich mir jemals meines deutschen Fühlens und Denkens bewußt wurde, so war es hier! Bei meinem ersten Aufenthalt in Mexiko hatte ich einen deutschen Hausstand geführt, ausschließlich mit Deutschen verkehrt und das schöne Land der Azteken bildete nur den Hintergrund von dem, was ich war und mitgebracht hatte. Jetzt war das anders, ich war Gast im Hause meines Sohnes, die deutsche Sprache war daraus verbannt und das, was ich in meinen langen einsamen Jahren in der Natur zu finden gewohnt war - konnte ich hier nicht entdecken. Die Straßen waren heiß und staubig, vom Fettgeruch indianischer Straßenherde verpestet, von Kunst oder Verständnis für dieselbe kein Schimmer, der Himmel ewig blau, ohne Wolken, ohne Stimmung - wie die Gesichter der Menschen, in welche Leiden und Sorgen keine Furchen gezogen. Das stimmte alles zusammen und konnte nicht anders sein. Aber es stimmte nicht zu mir - ich hatte zu viel gelitten, zu viel gesorgt - ich fühlte es, ich war dieser Natur und diesen Menschen entwachsen und es ging mir, wie es uns allen gehen mag, wenn wir ein Spielzeug wiederfinden, das uns einst beglückte, aber mit dem wir jetzt nichts mehr anzufangen wissen."

Keller-Jordan gibt in diesen Passagen unumwunden ihre Ernüchterung zu, ohne die Gründe dafür jedoch zu problematisieren. Um ihren Gefühlen Luft zu machen, wird selbst der 'blaue Himmel' Mexikos kritisiert. Sie entpuppte sich als nicht anpassungsfähig und betrachtete die Mexikaner mit dem distanzierenden Überlegenheitsgefühl einer Europäerin. Verständnis oder gar Anerkennung für diese fremde Kultur mit ihren autonomen Werten und Normen hat Keller-Jordan nicht aufbringen können. Ganz im Gegenteil ging sie von der kulturellen Überlegenheit der Deutschen aus und trat aus dieser Grundhaltung heraus der mexikanischen Lebensweise ablehnend, wenn nicht gar verachtend gegenüber, wenn sie etwa vom "falschen Pathos, wie es den Mexikanerinnen eigen ist" spricht und mit der Charakterisierung fortfährt:

"Sie haben keinen Muth der Überzeugung, unterwerfen sich sclavisch und geben mit dem Munde Dinge zu, die sie innerlich verneinen. (...) Es gibt kaum einen größeren Abstand als den der Mexikanerin und Nordamerikanerin, die beiderseitigen Eigenschaften gehen ins Extreme. Die Mexikanerin hat manche gute Eigenschaft, ist auch häuslich, aber sie versteht es nicht, ihr Haus elegant und zugleich sparsam zu dirigieren, es fehlt ihr allgemeines Wissen und Erziehung. Sie kehrt ihre Zimmer, macht womöglich ihre Betten selbst, und erscheint auf der Straße nicht selten in Gesellschaftstoilette. Da sie eine Frau ist wie alle anderen, möchte sie auch ihren Mann an sich fesseln; sie hat aber nicht die Bildung und Lust, um sich in seinen Interessen für das Allgemeine, Politik, Wissenschaft, Litteratur etc. zu bethätigen, und so weiß sie ihn fortwährend mit ihrem lieben Ich zu beschäftigen, hauptsächlich mit ihren körperlichen Leiden, die eine natürliche Folge ihrer ungesunden Lebensweise sind. Aber sie haben

19 Indianerinnen am Stadtrand von Mexiko. Aufnahme um 1900.

wieder etwas Graziöses und Einschmeichelndes für den Mann, was diesen selten bis auf den Grund schauen läßt. Die Amerikanerin bekümmert sich scheinbar weniger um Haus und Mann, ist aber im Nothfall thatkräftiger und arbeitsfähiger; sie ist selbständig und erwerbsfähig, sobald es sein muß. Ob sie liebenswürdig ist? Ich habe nicht genug Gelegenheit gehabt zu prüfen, um diese Frage mit 'Ja' beantworten zu können."

Daß Keller-Jordans Kritik an Mexiko sich immer wieder an den mexikanischen Frauen festmacht, mag nicht zuletzt daran liegen, daß ihr Lieblingssohn Richard eine Mexikanerin zur Ehefrau hatte. Selbst noch in der Erinnerung ist diese starke Eifersucht zu spüren, die sie zu ganz irrationalen Ansichten verleitet. Die starke Assimilierung Richard Jordans in Mexiko bewirkte bei seiner Mutter eine ebenso starke Entfremdung, verbunden mit der Angst, ihren Sohn nun ganz zu verlieren.

Von ihrem zweiten Mexiko-Aufenthalt enttäuscht und desillusioniert, trat Henriette Keller-Jordan nach einem Jahr die Heimreise nach Deutschland an. Diesmal schiffte sie sich nicht in Mexiko ein, sondern fuhr mit dem Zug bis New York, was mehrere Tage und Nächte in Anspruch nahm. Ihr Bildungs- und Erlebnishunger ließ sie diese nicht gerade bequeme Reiseform wählen - und sie wurde nicht enttäuscht. Mit Enthusiasmus schildert sie das Gesehene: Die Niagara-Fälle, den Michigan-See, Chicago und New York. Hier bewundert sie den amerikanischen 'way of life':

> *"Abends um 10 Uhr kamen wir nach New York. Schon vorher hatte jeder der Passagiere sein Hotel angegeben - und man wurde mit einer Eleganz in den wartenden Wagen befördert, die nicht ihres Gleichen hat. Das Handgepäck lag wie hingezaubert schon in demselben, als ich ihn bestieg. Die großen Koffer würden befördert werden, ohne daß ich mich zu kümmern brauchte. Und so war es auch. Mein deutsches Hotel in der 18ten Avenue-street war bereits von meiner Ankunft avisiert, das hatte alles mein Sohn besorgt, ich fuhr auf dem Lift in den sechsten Stock und schon wenige Stunden später hörte ich, wie man die Koffer vor meine Thüre wälzte."*

Nach einem dreitägigen New York-Aufenthalt schiffte sich Henriette Keller-Jordan auf der "Gellert" ein. Die Tage auf See waren keine glücklichen, da sie, außer gegen die Seekrankheit, auch wieder gegen ein starkes psychisches Tief anzukämpfen hatte.

> *"Ich vergesse die Thränen nie, die in jenen Stunden, als ich über der Barriere lag, ins Meer tropften, die aus so bitterem Weh geboren wurden. Verlassen - in der großen weiten Welt! Den Stürmen preisgegeben, von denen dennoch diejenigen keine Ahnung haben, die im Schutze der Familie leben!"*

Ihre zweite Mexiko-Reise ließ sie von Träumen in eine Wirklichkeit kommen, mit der sie nicht gerechnet hatte. Ihr geliebter Sohn Richard hatte die mexikanische Kultur und Lebensweise zu seiner eigenen gemacht und selbst die deutsche Sprache verlassen. Trotzdem er jung starb, brachte er es als mexikanischer Dichter zu hohem Ansehen, doch in den Augen seiner Mutter hatte er verloren. Sie hätte ihn sich in Deutschland mit einer deutschen Familie gewünscht und litt unaussprechlich an diesem Verlust. Eine sich in Mexiko bereits ankündigende seelische Krise erreichte auf der Heimreise ihren Höhepunkt, bei der sie sich von Gott und der Welt verlassen in eine Depression flüchtete. Doch - und hier zeigen sich Reife und Lebenserfahrung dieser Frau - bot sie abermals all ihre Energien auf, der Krise zu trotzen:

> *"Die Nacht verbrachte ich schlaflos - nicht einmal im Bett konnte ich bleiben, alle Erlebnisse des letzten Jahres rührten sich in mir und raubten mir Schlaf und Ruhe. Ich vertiefte mich gegen Morgen endlich in 'Hebbels Tagebücher', die mir Freund Tesdorpf zum liebe-*

vollen Empfang statt seiner selbst zurückgelassen hatte. Diese großen Gedanken, die ich da verewigt fand, gaben mir Ruhe und Arbeitsmuth in den nächsten Tagen zurück und ich machte, in ernstem Wollen, das Programm meines weiteren Lebens."

Mit ungeheurer Energie und regelrechter Schaffenswut richtete sich Keller-Jordan nun endgültig in München ein. Die Lebens- und Arbeitsgemeinschaft mit Paul Tesdorpf war durch ihre Mexiko-Reise nur unterbrochen, nicht abgebrochen worden. Tesdorpf, der viel Verständnis für ihre literarische Arbeit aufbrachte, wurde ihr ständiger Begleiter und Ratgeber und ersetzte ihr auch in gewissem Umfang die verlorengegangene Familie. Ob es sich darüber hinaus um eine Liebesbeziehung gehandelt hat oder eine platonische Natur geblieben ist, geht aus den Unterlagen nicht hervor. Mit der Etablierung in München etablierte sich auch die Schriftstellerin Keller-Jordan. Die Weichen, die sie in Tübingen bereits gestellt hatte, liefen hier zur Konstituierung als Berufsschriftstellerin zusammen. Das Sprengen aller familiärer Bindungen - auch wenn dies nicht ihr Wunsch gewesen war - ermöglichte diesen Neuanfang. In dem Versuch, ihre psychischen Konflikte schreibend zu bewältigen, gelang ihr eine Neudefinition des eigenen Ich. Damit einher ging eine materielle Unabhängigkeit, die ihr Selbstbewußtsein stärkte und die neue Autonomie erst möglich machte. In München erlebte Henriette Keller-Jordan ihre letzte und literarisch produktivste Lebensphase. Hatte sie sich in Tübingen noch unsicher auf dem neuen Terrain des Schreibens bewegt, so gelang ihr in München die sichere Inbesitznahme des für Frauen nicht vorgesehen fremden Bereichs.

"Neben meinem Roman 'Belladonna', den ich im Laufe des nächsten Jahres vollendete, arbeitete ich meine Aufsätze über Aztekische Sitten und Gebräuche aus, die, wie schon erwähnt, im 'Ausland' und im 'Magazin für Litteratur' zum Abdruck kamen. Auch eine kleine Reiseskizze von Mexiko nach Paso del Norte schrieb ich, um mich etwas zu befreien und schickte sie an die Zeitschrift 'Hessenland'. (...) Ein längerer Aufsatz über 'Lyrik in Central-Amerika' wurde im 'Magazin für Litteratur' gedruckt, ein paar kleinere Novellen wie 'Pietá', ‚Eine Winternacht' etc. im 'Hessenland'. Auch schrieb ich in jener Zeit, noch vom Eindruck der schönen Insel St. Thomas erfüllt, die kleine Novelle 'Rafaela', die im Cotta'schen Musenalmanach (1894) zum Abdruck kam. Mein Sohn in Mexiko hatte mich mit den beiden spanischen Dichtern Gustavo Becquer und Palacio Valdés bekannt gemacht, zwei Dichtern, die mich lebhaft interessierten. Jener, der jung gestorben war, ist nach meiner Ansicht einer der bedeutendsten Lyriker Spaniens und ich war hoch erfreut, als mir mein Sohn eines Tages ein paar von ihm meisterhaft ins Deutsche übertragene Gedichte schickte. Der zweite, ein bedeutender Charakteristiker, interessierte mich gleich anfänglich durch sein literarisches Glaubensbekenntnis, welches er ganz ausführlich seinem Roman 'La Hermana San Sulticio' voranstellt. Ich drang in Gemeinschaft mit

Dr. Tesdorpf in meinen Sohn, die Übersetzungen der wunderbar tiefen und originellen Gedanken Becquer's fortzusetzen und freute mich, ja, war stolz auf seine eigene dichterische Begabung, denn nicht nur, daß ihm diese Übersetzungen vorzüglich gelangen, sondern er zeigte auch selbstschöpferisch großes Talent. (...)
Auf meine Aufsätze hin, die ich für 'Das Magazin für Litteratur des In- und Auslandes' geschrieben hatte, wurde mir von dort die Aufforderung, ihnen Münchner Theaterberichte, besonders über die neue Shakespeare-Bühne zu schreiben. (...) Auch für die 'Deutsche Zeitung in Mexiko' ('Germania') schrieb ich monatliche Berichte über Kunst und Litteratur."

Der Durchbruch war geglückt, Henriette Keller-Jordan zur erfolgreichen Schriftstellerin mit eigenem sicheren Einkommen avanciert.
Nun begab sie sich noch einmal auf die Suche nach ihren Wurzeln. Diesmal ging sie sehr weit zurück und suchte die Heimat ihres Vaters auf, in der sie noch nie gewesen war. Zusammen mit Tesdorpf reiste sie nach Axams und dann weiter in den kleinen Weiler Omes, in dem das elterliche Haus Sylvester Jordans stand. Sie fand dort

"ein mit Holz getäfeltes kleines Haus und dem sanft plätschernden Brunnen davor, (es) war die Heimstätte meines Vaters! Im Innern war Alles, wie er es geschildert hatte! Ein mit Holz getäfeltes Wohnzimmer mit den obligaten geschnitzten Bänken und daneben, wenige Stufen höher, ein zweites Zimmer, mit der Küche. Oben die nöthigen Schlafzimmer. Mir war alles so bekannt und heimisch, als habe ich das alles längst gekannt. (...)
Es war eine Wallfahrt zu den Gefilden hin, die mir schon in der Kindheit lebendig waren und die mein Vater trotz aller Sehnsucht nach der Heimath nie wieder sehen sollte. (...)
Die Bilder aber von Axams und Omes hielt ich fest und verewigte sie in einer kleinen Novelle, der ich den Titel: 'Eine Wallfahrt' gab."

Hier wird noch einmal die enge Vater-Tochter-Beziehung sichtbar, die für Keller-Jordans Entwicklung sehr entscheidend war. Mit der Suche nach den Wurzeln in dem einfachen Schusterhaus ihrer Großeltern schloß sie gewissermaßen ihre Ich-Findung ab. Sie war nun soweit, diese neue Identität auch äußerlich zu dokumentieren. Zurück in München wechselte sie noch einmal die Wohnung, diesmal, um mit ihrem Gefährten Dr. Tesdorpf zusammenzuziehen. Gemeinsam mit dem mittlerweile als Arzt und Psychiater praktizierenden Tesdorpf führte sie nun in München einen höchst interessanten Salon:

"Unsere Häuslichkeit war von geistiger Atmosphäre durchdrungen, liebe Freunde kamen gern zu uns, und das kleine viereckige Eßzimmer hat manchen glücklichen Abend gesehen. Da wurden alle Fragen der Zeit berührt! Man sprach über Politik, Litteratur, über Kunst

20 München, Maximilianstraße. Die Stadt gehörte um die Jahrhundertwende zu den bedeutendsten Kulturmetropolen. Aufnahme um 1900.

und Wissenschaften. Junge Leute, die in München studierten und an mich empfohlen waren, fühlten sich wohl bei uns - ja behaupteten sogar, daß sie unserem Heim ihre höhere Lebensauffassung dankten. Schriftsteller und Schriftstellerinnen, Künstler und Litteraten verkehrten in unserem Hause und sprachen ihre Ansichten und ihre Bestrebungen aus. Mir kam es oft vor, als seien die Sorgen und Qualen meines früheren Lebens nothwendige Vorbereitungen gewesen, um die Höhe eines solchen geistigen Zusammenlebens zu verstehen und zu genießen."

Der Aufenthalt in Mexiko hatte die schon vorhandene Leidenschaft für spanische Literatur noch verstärkt. Ihre Aufsätze über bedeutende spanische Schriftsteller wurden in der wissenschaftlichen Beilage zur "Allgemeinen Zeitung" gedruckt. Darüber hinaus arbeitete sie nun an einem Roman, der in Paso del Norte spielte und der ebenfalls autobiographisch motiviert war. Sie selbst äußert:

"Ich konnte die Bilder, die ich von dort mitgenommen hatte, nicht los werden und es quälte mich ordentlich, sie in einem würdigen Roman fest zu halten. Ich gab dem Buch den Titel: 'Ausgewanderte'. Bevor der Roman veröffentlicht wurde, gab ich jedoch erst einen Band No-

vellen unter dem Titel: 'Lebenstiefen' heraus und legte das Manuskript des Romans einstweilen zurück. Es war das eines meiner produktivsten Jahre."

Es handelte sich hier um das Jahr 1891 und es sollten noch viele produktive Jahre folgen. Zum 100sten Geburtstag Sylvester Jordans gab sie im darauffolgenden Jahr aus dessen Nachlaß einige Briefe heraus,

"namentlich diejenigen meines Großvaters Wigand an meinen Vater. Es war das eine traurige Arbeit, die mir all sein Leiden und meine schwere Kindheit wieder vor Augen führte. Im Frühjahr darauf besuchte ich zum drittenmal meinen armen Sohn Ernst in Haina. Es ist das jedesmal für mich eine Leidensgeschichte, die lange Zeit braucht, um mich wieder einigermaßen ins Gleichgewicht zu bringen. Wie eine dunkle Schattengestalt schreitet dieses Schicksal mir zur Seite - ich ahne sie aller Orten und sie bleibt mein düsteres Verhängnis.

Wieder einmal war es das private Schicksal, das sie beschäftigte und ihr in gewisser Hinsicht die Feder führte. Die leidenschaftliche Suche nach dem eigenen Selbst durchzieht ihre Arbeiten wie ein roter Faden. Ihr Schaffensdrang - gerade in den 90er Jahren - half ihr vor allem, das Gefühl des Ausgestoßenseins aus der Familie zu bewältigen. Immer wieder mußte sie dagegen ankämpfen, die Schuld des familiären Zerfalls nicht bei sich allein zu suchen.

"Schlaflose Nächte und müde Stunden bereiteten mir auch die Wege meines Sohnes Richard! Und dann das Warten, das vergebliche Warten auf Briefe, die, wenn sie endlich eintrafen - ein Heer von Fragen in mir aufwarfen, auf welche ich niemals Antwort erhielt. Wie viel, wie grenzenlos viel Liebe, habe ich da verschwendet! Und wie viel, wie viel um ihn gelitten!

Trotzdem stellte sie ihre Bemühungen um den Lieblingssohn Richard niemals ein. Die Herausgabe seiner Gedichte in dem Band: "Lieder vom Stillen Ocean", die sie gemeinsam mit Tesdorpf besorgt hatte, kommentiert Keller-Jordan so:

"Ich glaube nicht, daß die Herausgabe meiner eigenen Bücher mich so gründlich erfreut und beglückt hat wie dieses kleine aber wertvolle Büchlein meines Sohnes! Doch <u>Etwas</u>, eine kleine schöne Gabe, die er unserem lieben Deutschen Vaterland gegeben. Eine Abgabe, die er ihm durch Talent und Zugehörigkeit schuldete! Und sie sind schön und bedeutend, diese Lieder, originell und tief und werden ihre Leser in weite Zukunft hinaus finden. Ich hatte ja schon so gründlich durch seine Auswanderung und seine Heirath mit einer Fremden gelitten, die diese Seite seines Daseins nur vom Hörensagen kennt, daß mich das Erscheinen dieser Gedichte doppelt und dreifach beglücken mußte."

Ein Höhepunkt in der folgenden Zeit war der Besuch dieses Sohnes in Deutschland, der sich aber für Keller-Jordan genauso desillusionierend gestaltete, wie Jahre zuvor ihre Reise nach Mexiko.

"Ich freute mich auch, daß wir beide, der Dr. und ich, so ein kleines, nettes, vornehmes Heim hatten und mein Sohn sich nun überzeugen durfte, wie ich mir, trotz der lächerlich wenigen Mittel, eine anständige Existenz gegründet hatte. (...) Am ersten Pfingsttage im Jahre 1896, Mittags 11 Uhr, stand ich endlich mit dem Dr. am Bahnhof und erwartete meine Kinder! (...) Zuhause angelangt, gefiel es ihnen nicht - alles war zu klein und München überhaupt nicht nach ihrem Geschmack. Ich habe die erste Nacht bitterlich geweint, aber heute sage ich mir, daß ich zu viel verlangte und daß es menschlich war, daß sie sich - aus größeren Verhältnissen kommend - in meiner kleinen beschränkten Häuslichkeit nicht am Platze fühlen konnten. (...) Auf der Reise durch unser liebes Deutschland waren wir vergnügt zusammen, schon das Gefühl, daß ich meinen Richard täglich sah, machte mich glücklich. Wir besuchten gemeinschaftlich unserer Lieben Gräber in Marburg und Kassel, waren in Eisenach - eine schöne Woche - dann in Leipzig, in Berlin, das ich noch nicht kannte und dann schließlich 14 Tage in Hamburg. Hier nahm mein Sohn thatsächlich die Rückfahrkarten. (...) Wie mir zu Muth war - darüber will ich schweigen. Die Kinder thaten mir ganz besonders weh, die ihre Freude nicht unterdrücken konnten, aus Deutschland fortzukommen zu ihren Verwandten in Mexiko. (...) Mein schönes München - wie sehr hatte ich mich gefreut, es meinem Sohn zu zeigen! Und nun war es mir fast - als sei das alles nur Lug gewesen - es gefiel auch mir nichts mehr - ich war krank!
Ja, ich war lange krank - wen kümmerte es - außer dem guten Dr., der sich Mühe gab, wenigstens die heftigen Körperschmerzen zu stillen. Ich lag auf meiner Chaise longue - unfähig zu Allem. Sollte das das Ende meiner jahrelangen Arbeit und Qualen sein, mit denen ich mir ein Heim und eine Stellung gegründet hatte?
Aber auch diese Zeit ging vorüber - ich genas langsam - sehr langsam - Jahre gingen darüber hin. (...) Ich arbeitete wieder und kam in das gewohnte Geleise. Nur wurde die Erzählung 'Ohne Liebe', die ich schon vor Richards Ankunft begonnen hatte, nicht wie ich sie haben wollte. Ich war wohl bei der Arbeit noch nicht recht bei der Sache - ich vertiefte mich nicht wie sonst - ich war zerfahren und leidend und die Geschichte, die ich eigentlich humoristisch angelegt hatte und die tragisch enden sollte, wirkte im Schluße trivial. Ich legte sie bei Seite und hoffe, daß ich noch einmal die Stimmung finde, sie so zu gestalten, wie es in meiner Absicht gelegen.
Je mehr ich aber nun über das Alles nachdachte, was ich erlebt, je trauriger wurde ich in der Idee, daß ich eigentlich nur meinen Kindern das Leben gegeben und die Erziehung bis zum Jünglingsalter, und diese auch nur soweit, als es in meiner Macht gelegen, aber daß sie eigentlich von mir selbst, meiner Kindheit, meinen Eltern, meinen Leiden und meiner Innenwelt, so gut wie nichts wußten. Sie hatten

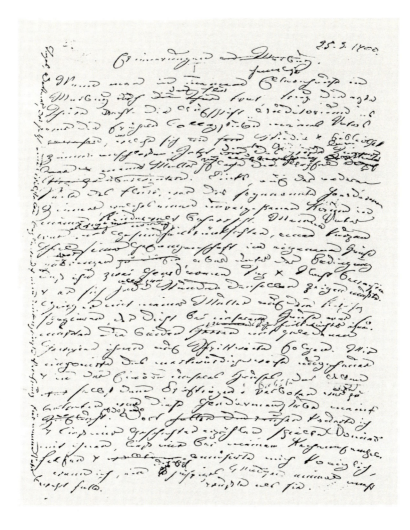

21 Auszug aus der handschriftlichen Autobiographie
Henriette Keller-Jordans, 25.03.1900 "Erinnerung an Marburg".

sich auch - ich weiß nicht warum - niemals dafür interessiert. Ich mußte etwas niederschreiben - ich mußte - nicht mein ganzes Leben - Gott bewahre - aber doch aus meinem Leben, ich mußte gewisse Dinge fest halten - für die, welche sich dennoch bis über das Leben hinaus für mich interessierten - und die dann mit leisen Fittichen, wie aus einer anderen Welt, die Seelen derer berühren sollten, für die ich gelebt, gelitten, die ich geliebt hatte. Ich wurde traurig, wenn ich an das Alles dachte - wer wußte denn, ob meine Kinder - auch nach meinem Tode - das Bedürfnis hatten, von mir zu wissen? Vielleicht würden die Blätter vergilben und keine Hand danach greifen, kein Blick sich in das versenken, was ich gelebt und gelitten hatte. Aber eine Seele gab es doch - eine edle Seele, die sich für mein Innenleben interessierte, die mich kannte und theilgenommen hatte an meinem geistigen Schaffen, mein Freund Tesdorpf! Ihm wollte ich die Blätter hinterlassen für meine Kinder und Enkel oder für gute Menschen, die sich gern in das Leben Anderer vertiefen. Er soll sie bewahren und verwerthen in meinem Geist.

Und so begann ich zu schreiben, meine Kindheit, mein Elternhaus - mit den schweren Wolken, die darüber schwebten gleich einem Verhängnis - meine Jugend! Dann konnte ich nicht mehr - ich legte die Blätter zurück - bis zum folgenden Jahre - und begnügte mich, ein paar kleinere Novellen zu schreiben: 'In der Abschiedsstunde', 'Der Kaminkehrermeister', 'Erika' und eine größere 'Ein armes Weib'. Es war das ein Stoff, den ich theilweise dem wirklich Erlebten herausgearbeitet hatte, was ich eigentlich fast niemals gethan habe."

Wieder einmal waren es die familiären Umstände, die bei Keller-Jordan tiefe psychische Erschütterungen hervorriefen. Und wieder einmal war es ihre enorme Arbeitsfähigkeit, die den Heilungsprozeß in Gang setzte. Diese vorläufig letzte große Krise bewog sie denn auch dazu, ihre Lebenserinnerungen niederzuschreiben. Da, wo man auf ihr gesprochenes Wort offensichtlich keinen großen Wert legte - bei ihrer Familie -, versuchte sich Keller-Jordan in Form einer Autobiographie wenigstens schriftlich mitzuteilen. An die Kinder und Enkel sind ihre Aufzeichnungen gerichtet, was noch einmal ihren Wunsch nach familiärer Kontinuität deutlich werden läßt. Völlig verständnislos mußte sie hinnehmen, daß ihre Kinder so wenig Interesse für ihre familiäre Herkunft aufbrachten. War sie selbst doch - ganz im Gegensatz dazu - bis in den Heimatort ihres Vaters gereist, um dort noch etwaiger Wurzeln teilhaftig zu werden. Da ihren Söhnen diese traditionellen Bindungen nichts mehr galten, schrieb sie in panischer Angst gegen das Vergessenwerden an - und auch gegen die Angst, umsonst gelebt zu haben.

Damit wird noch einmal deutlich, daß Keller-Jordan, trotzdem sie mittlerweile eine erfolgreiche Schriftstellerin war, ihre Identität noch immer über den familiären Zusammenhang bezog, aus dem sie sich nur mühsam freizumachen verstand. Nur so ist es erklärlich, daß die Gleichgültigkeit des Sohnes ihr gegenüber sie so tiefgehend verletzen konnte. Diese Verletzungen werden bei ihr zur Triebfeder des Schreibens und treten damit als spezifisch weibliche Triebfedern auf. Sie entsprechen der Rolle der Frau in Familie und Gesellschaft, auch wenn die Autorin sich aus jenen Verhältnissen zu befreien suchte. Die Zerrissenheit der Familie bekümmerte sie besonders an Festtagen wie Weihnachten, an denen sie sich krank zu Bett legen mußte:

> *"So rückte das Weihnachtsfest heran - ein glückliches für diejenigen, die es zusammen mit den Ihrigen feiern können - und sorgenbeladen für die Getrennten. Am Neujahrstag lag ich krank im Bett - ich hatte Fieber und konnte mich - trotz des Dr.'s Pflege - nur langsam erholen."*

Gesundheitliche Rückschläge dieser Art hatte Henriette Keller-Jordan noch bis an ihr Lebensende hinzunehmen. Zu tief waren die bürgerlichen Werte und Vorstellungen in sie eingedrungen, als daß sie sie ohne Schwierigkeiten hätte abstreifen können. Das permanente Ankämpfen gegen die ihr von der Gesellschaft zugeschriebene weibliche Rolle verlangte seinen Tribut. Krankheit, von den Medizinern des 19. Jahrhunderts "als natürlicher Zustand des weiblichen Geschlechts diagnostiziert, stellte aber auch eine der wenigen sozial akzeptierten Fluchtmöglichkeiten dar, verband Gefügigkeit mit heimlicher Verweigerung"[48].

Und doch hat sich der Kampf gelohnt: Als Schreibende gewann sie das Selbstbewußtsein zurück, das ihr in den Jahren ihrer Ehe abhandengekommen war. Ihr Mut zur Selbstbefreiung schützte sie davor, das Schicksal all jener Frauen zu teilen, die in einer bürgerlichen Konvenienzehe, ausgesperrt von den Möglichkeiten der Identitätsfindung in sozialen öffentlichen Zusammenhängen, in der Rolle des Objektes eines Tauschhandels verharren mußten.

Mit der Beschreibung einer Venedig-Reise wurden 1899 ihre Lebenserinnerungen beendet. Das handgeschriebene Konvolut befand sich dann später in ihrem Nachlaß, den ihr langjähriger Lebensgefährte Dr. Paul Tesdorpf verwaltete. Entgegen dem Wunsch, daß sich die eigene Familie mit den biographischen Aufzeichnungen befassen möge, bekundete diese überhaupt kein Interesse, so daß der gesamte literarische Nachlaß über Tesdorpf an die Bayerische Staatsbibliothek in München ging.

Henriette Keller-Jordan starb am 9.2.1909 in München an "chronischer progressiver Adernverhärtung"[49]. Schwere Schicksalsschläge waren ihr auch im Alter nicht erspart geblieben: Der plötzliche Tod ihres geliebten Sohnes

---

48 Honegger/Heintz 1984, 41
49 Tesdorpf 1909, 18

Richard im Jahre 1902 und der ihrer Enkelin Amparo im darauffolgenden Jahr.

Am Ende ihres Lebens konnte sie auf ein umfangreiches Werk zurückblicken: Die 11 veröffentlichten Bücher "Roderich Wallner", "Mexikanische Novellen", "Natalie", "Hacienda Felicidad", "Die Grubers", "Aus der Gegenwart", "Transatlantisches", "Lebenstiefen", "Ausgewanderte", "Großtante Helene" und "Wandlungen"; die Beiträge im Cotta'schen Musenalmanach von 1895 und 1900 "Rafaela" und "Mater dolorosa". Ferner würden ihre zahlreichen seit 1876 in verschiedenen Zeitungen und Zeitschriften erschienenen Romane und Novellen Bände füllen. Die von ihr im Jahr 1886 mitbegründete Zeitschrift "Hessenland" veröffentlichte bis zu ihrem Tod in 23 Jahrgängen Beiträge von ihr. Nacheinander erschienen im "Hessenland" die Novelle "Antigone", das Lebensbild "Margarethe", die Reisebeschreibung "Von Mexiko nach Paso del Norte", die Novellen "Unter dem Madonnenbilde", "Piet", "Eine Winternacht", "Nur eine Nacht", "Ihr letzter Brief", "Der alte Herr Professor", "Modern", "Eine Wallfahrt", "Am Strande von Skagen", "Der Kaminkehrermeister", die Übersetzung der Valdes'schen Erzählung "Der Vogel im Schnee", ferner die Zusammenstellung von 13 Briefen, die ihr Vater während der Zeit seiner Gefangenschaft an seinen Schwiegervater Paul Wigand richtete, weiterhin die Novelle "Erika", der Nachruf auf ihren Landsmann Dr. Otto Braun, die Novellen "Ein Sommerabend", "Verweht", die Lebensbilder "Tante Hannchen", "Ein welkes Blatt", die Erinnerungen an "Das Künstlerpaar Eduard und Marie Ille", die Novellen "Sirmione", "Karriere", "Lukrezia"', die "Erinnerungen an Dr. Paul Wigand" und schließlich unmittelbar nach ihrem Tode die Novelle "In der Abschiedsstunde". Ganz zu schweigen von ihren vielen unveröffentlichten Arbeiten in ihrem Nachlaß.

In fieberhafter Tätigkeit der Autorin entstanden diese Werke erst, als sie die Lebensmitte längst überschritten hatte. Von Ehefrauen-, Hausfrauen- und Mutterpflichten weitgehend befreit, begab sie sich auf die Suche nach dem eigenen Ich. Schreibend versuchte Keller-Jordan gegen Ortslosigkeit und Identitätsverlust anzukämpfen, in der ständigen Beschäftigung mit der eigenen Person, sich selbst zu definieren. In ihrer Dichtung kehrt sie immer wieder an Orte zurück, nach Kassel, nach Marburg, nach Mexiko, wo sie längere Zeit gelebt hat. "Das autobiographische Schreiben, das immer stärker topographische Züge annimmt, wie man bereits den Titeln der Werke ansieht," sagt Inge Stephan, "ist ein Versuch, einen Ort zu finden, weil die Leere und Identitätslosigkeit nicht aufgehalten werden kann"[50]. Bei Keller-Jordan wurde das Schreiben selbst der Ort, an dem das Ich sich konstituiert - wie es für unzählige Frauen seit der Zeit der Romantik der Fall gewesen ist. Autobiographisches Schreiben von Frauen gibt dem drängenden Impuls nach,

---
50   Stephan 1987, 135

"wenigstens in dieser Form wirklich sein zu lassen, was sonst keine Bühne findet"[51]. In dieser Frauenliteratur läßt sich der Kampf gegen einengende Verhältnisse und das Ringen um Selbständigkeit verfolgen, womit sie nicht zuletzt als sozial- und kulturgeschichtliche Quelle viel zu lange unterschätzt wurde. Die Vielfalt autobiographischen Schreibens von Frauen mit und ohne Publikums- und Schreiberfahrung erfordert eine neue Sicht der Gattung insgesamt, vor allem was die Entfaltung einer spezifisch weiblichen Identität im historischen Kontext angeht.

---

51   Mattenklott 1989, 126

VI. Henriette Keller-Jordan und ihr Werk

Ihr gesamtes Werk im einzelnen analysieren zu wollen, kann hier nicht der Ort sein. Wie aus den Lebenserinnerungen zu ersehen ist, handelt es sich um vielfältige Themen, deren sie sich angenommen und die sie zu Romanen, Novellen oder Erzählungen gestaltet hat. Ein Thema jedoch ließ sie nicht los: Die Gegenüberstellung mexikanischer und deutscher Kultur und Lebensweise. Die meisten ihrer Werke behandeln diesen Stoff: Mexikanische Novellen (1883), Roderich Wallner (1883), Natalie (1885), Hacienda Felicidad (1886), Transatlantisches (1887), "aber auch da, wo sie auf europäischen Boden zurückkehrt und auf den Reiz exotischer Scenerie verzichtet", so Wilhelm Schoof, "weiß sie mit wechselndem Farbenspiel und hoher Formschönheit zu schildern"[52]. Schoof denkt hier an die Werke "Aus der Gegenwart" (1887), "Lebenstiefen" (1891) und vor allem an den hessischen Geschichtsroman "Die Grubers" (1887). Er attestiert ihr "eine schöne Sprache, kraftvollen Realismus der Schilderung, Feinheit der psychologischen Entwicklung und durchweg künstlerische Haltung der Form. (...) In der Knappheit und Einfachheit des Stils und dem Streben nach künstlerischer Einhaltung der echten Novellenform erinnert sie an Paul Heyse"[53].

Für "Die Grubers" hatte sich Keller-Jordan die exakten geschichtlichen Abläufe zur Zeit der Verfassungskämpfe in Hessen angeeignet, um einen möglichst realistischen Geschichtsroman wiederzugeben, der damit freilich auch in hohem Maße autobiographisch war. Ihr Vater war es schließlich gewesen, der als Schöpfer der kurhessischen Verfassung in die Geschichte einging und dessen Martyrium unter Hassenpflug weit über Hessen hinaus bekannt wurde und ihn zum Idol werden ließ. Politische Dichter wie F. Dingelstedt, G. Herwegh und F. Freiligrath nahmen sich des Falles an, Dingelstedt mit dem bekannten "Osterwort" von 1840, das sich in Gedichtform an Jordan richtete und die starken Empfindungen über das willkürliche Vorgehen der Behörden treffend wiedergab.

Man darf nicht vergessen, daß auch dies zu dem Klima gehörte, in dem Henriette Keller-Jordan aufwuchs. So verkehrten nicht nur die Dichter des Jungen Deutschland in ihrem Elternhaus, sondern sie wurde später auch zu einer glühenden Verehrerin Heinrich Heines. Ferner dürfen als Vorbilder ihr berühmter Großvater Paul Wigand, die Brüder Grimm und C. W. Justi gelten, ein Kreis, der ihr persönlich noch bekannt war und mit Sicherheit zu ihrer autodidaktischen Entwicklung beigetragen hat.

---

52   Schoof 1901, 217
53   ebenda

22 Georg Herwegh (1817 - 1875) nach einem Gemälde von Hitz.

23 George Sand. Photographie um 1865.

An weiblichen Idolen verehrte sie George Sand (1804-1876), die den Prototyp der emanzipierten Frau und Schriftstellerin verkörperte und ebenso wie Keller-Jordan ihre persönlichen Probleme schriftstellerisch verarbeitete. Auch deren Ehe erwies sich als Fiasko und die Protagonistinnen ihrer ersten Romane werden von ihren Ehemännern betrogen, revoltieren gegen die bürgerliche Ehe, die sie zum Besitztum ihrer Männer macht. "Indiana" (1832), "Valentine" (1832), "Lelia" (1833) stellen eine heftige Kritik an den Moralgesetzen und gesellschaftlichen Konventionen der damaligen Zeit dar und sind zugleich ein Hymnus auf die leidenschaftliche Liebe. Auch wegen ihrer konsequenten Lebensführung zog sich George Sand den Haß der 'braven Bürger' zu, und wurde als 'Mannweib' verächtlich gemacht. Keller-Jordan aber zollte ihr Bewunderung und geht in ihren Erinnerungen ausdrücklich auf sie ein. Obwohl Henriette weit weniger radikal lebte und schrieb, ist doch der Einfluß George Sands auf ihr Werk nicht zu unterschätzen.

Wenn sich Henriette Keller-Jordan auch nicht aktiv der Frauenbewegung angeschlossen hat - es findet sich kein Hinweis für das Gegenteil in ihren Memoiren -, so atmen ihre Romane und Novellen aber den Hauch weiblicher Solidarität. Mit subtilem Einfühlungsvermögen, Phantasiereichtum und einem hohen Maß an psychologischem Realismus weiß sie menschlichen Alltag darzustellen und vor allem die Leiden von Frauen zu dechiffrieren. Daß ihr dabei die eigene Lebenserfahrung zugute kommt, ist klar. Schon wenige Beispiele aus ihren Arbeiten lassen dies deutlich werden:

In ihrem Novellenband "Aus der Gegenwart" (1887) beschreibt sie unter dem Titel "Er und Sie" ein Frauenleben, das ihr eigenes hätte sein können:

"Ihr Gesicht war bleich und gedankenvoll und über den tief gesenkten Lidern lag ein Zug sorgenvollen Leides. 'Das thue ich nicht, gewiß nicht,' unterbrach sie ihn erregt. 'Er hat durch seine letzte ehrlose That sich schon für immer die bürgerlichen Rechte verscherzt - und hat, ohne mir einen Pfennig zu gönnen -Europa verlassen. Innerlich waren wir schon vorher geschieden und sind es jetzt für alle Zeit. Und äußerlich? Soll ich, da alle Welt ihn verachtet, jeder den Stein nach ihm hebt, soll ich, die ich doch nun einmal vor der Welt seinen Namen tragen muß, das Gleiche thun? Und was liegt daran, ob ich vor dem Gesetz frei bin oder nicht? Ich möchte die Sache meines Knaben wegen tot geschwiegen haben, ihn in keinen Konflikt bringen und mir in einer fremden Umgebung eine Stellung durch eigene Kraft erringen, die wenigstens meinem Sohne einmal gestatten soll, den Kopf wieder hoch zu tragen.' (...) 'Und dann? Ich nehme zwei möblierte Zimmer und hoffe, Arbeit zu finden. Gottlob, daß ich die Musik gründlich studiert habe und sie verstehe'[54].

---

54 Keller-Jordan 1887, 117 f.

> *Frau Elisabeth Bose hatte sich so, wie sie es geplant, in Mosbach ein paar Zimmer gemietet, ihren Knaben in eine Schule gegeben und sich dann bemüht, mit ihren musikalischen Kenntnissen und den guten Empfehlungen, über die sie verfügte, sich Schüler und Schülerinnen zu verschaffen. Das Leben, welches sie zurückgelassen, war kein glückliches gewesen, aber sie machte auch keine Ansprüche an das, dem sie entgegen ging. Sie wußte, wenn der Blitz in ein Haus geschlagen, zerstört er nicht nur das Dach und die Mauern, es ist da noch manches, was zusammen stürzt und sich nie wieder aufbauen läßt. Aber so bitter und schwer, wie sich in Wirklichkeit die neuen Verhältnisse gaben, so hatte sie dieselben dennoch nicht erwartet. Die Ruhe, die sie nach heftigen Stürmen im Einklang mit sich selbst und ihren Handlungen gefunden, wurde nur zu oft von den Demütigungen und Sorgen gestört, mit denen das tägliche Leben ihr entgegen trat. Für sich selbst bedurfte sie nicht viel; so jung wie sie war, ihre Rechnung war abgeschlossen, sie ging wunschlos durch den Eitelkeitsmarkt der Welt und forderte nichts mehr. Sie wollte nur arbeiten, einen ehrlichen Namen erwerben - für ihren Sohn. Ihre reine Künstlerseele, die ihre Schwingen einst bis hinaus zum Äther gehoben, sie beugte sich still und stolz. Zuweilen kamen bessere Zeiten und dann war sie froh und hoffnungsmutig und arbeitete unermüdlich und man sah, wie der bittere Zug in ihrem noch jungen Gesichte einer sanften Ruhe wich. Aber dann kamen wieder herbe Enttäuschungen aller Art, sie fand keine Arbeit und darbte mit ihrem Sohne"[55].*

Am Ende der Erzählung äußert ihre Heldin:

> *"Suchen Sie Kraft in der Wissenschaft, wenn die Stunden kommen, in denen Sie das Leben nicht verstehen. - In der Arbeit liegt Gnade und Segen"*[56].

Ihre eigenen Erlebnisse und Erkenntnisse sind es, die in diese Novelle Eingang fanden.
Im gleichen Band äußert sie unter dem Titel "Ein Traum":

> *"Er hatte ein Mädchen aus verarmtem Adel gewählt, die einzige Tochter einer Witwe, die sogar in allen Wissenschaften unterrichtet war, und für den Fall der Not sich selbst ernähren konnte"*[56].

Die Philosophie ihres männlichen Helden äußert sich folgerichtig so:

> *"Wir waren keine Romantiker in unserer Familie. Man wählte sich seinen Lebensberuf, beim Militär oder in der Jurisprudenz, und war klug genug, aufkeimende Herzensempfindeleien zu ersticken, und wenn es an der Zeit war und es in die Karriere paßte, eine entsprechende Lebensgefährtin zu wählen"* [57].

---

55 ebenda, 134 f.
56 ebenda, 142
56 ebenda, 9
57 ebenda, 45 f.

Genauso hatte auch sie selber einmal in die Zeit und Karrierepläne eines Edgar Keller gepaßt, wobei ihr einziges Glück das gewesen war, 'in allen Wissenschaften unterrichtet' zu sein 'und für den Fall der Not sich selbst ernähren' zu können. Daß sie diese Fähigkeiten besaß, hatte sie hinreichend unter Beweis gestellt.

In ihrem Sammelband "Transatlantisches" (1888) kommen ebenfalls an vielen Stellen autobiographische Erlebnisse zum Tragen. In dem kleinen Briefroman "Octave an Leonore" beschreibt sie eine Überfahrt nach Mexiko, wie sie sie aus eigener Erfahrung kannte:

> *"Mein Landsmann, den ich Ihnen schon erwähnte, ist ein eifriger Kartenspieler und läßt gar manchmal seine junge, hübsche Frau allein auf dem Verdecke, ohne sich zu bekümmern, ob und wie sie sich unterhält. Als ich gestern in der Dämmerung oben auf und ab spazierte, sah ich sie in einem Winkel, hinter einem Haufen Säcke sitzen, sie stützte den Kopf traurig in die Hand, und wenn ich recht gesehen, so hatte sie geweint. (...)*
> *Wir sprachen noch mancherlei zusammen und als ich sie ließ, da stieg die Befürchtung in mir auf, daß wenn diese zarte, weich veranlagte Frau nicht die Kraft findet, sich selbst zu verleugnen, nur Liebe und Glück zu geben und nichts zu fordern - ihr vor der Einöde bangen dürfte, in welche sich mit der Zeit ihr Lebenspfad verirren könnte. Ihr Mann hat das Leben schon von allen Seiten genossen, er ist gestählt gegen weiche Empfindungen, egoistisch geworden in den mancherlei Stürmen, welche das Geschäftsleben mit sich bringt. Hat er wohl ganz die Verpflichtungen ins Auge gefaßt, die er sich auferlegte, als er dieses junge Wesen, so liebe- und glücksbedürftig an seine Brust nahm? Wird er hochherzig genug sein, nicht Gefühle und Herzensbedürfnisse zu belächeln, die er selbst nicht mehr haben kann? Armes junges Weib! Mir ist es, verehrte Freundin, als sähe ich in diesen grauen, tiefen Kinderaugen sich eine ganze Lebenstragödie abspielen, eine Tragödie, wie wir ihr oft im Leben begegnen, aber welche wir leider zu betrachten gewöhnt sind, ohne es der Mühe wert zu halten, die tieferen Ursachen zu ergründen"*[58].

Auch das Heimweh, das sie im fernen Mexiko immer wieder beschlich, wird hier aufgegriffen:

> *"Ich mußte unwillkürlich der wirbelnden Schneeflocken unserer nordischen Heimat gedenken, der weißen, toten Häusermassen, denen ein grauer Himmel müde entgegen gähnt! Und vor mir sah ich die blühenden Orangen- und Myrten-Gruppen, in deren Blüten sich übersättigt smaragdene Kolibri wiegen, während daheim vielleicht ein einsamer Sperling über den Schnee hüpft und nach einem einzigen Krümchen Brot sucht, um nicht zu sterben. Seltsamer*

---

58 Keller-Jordan 1888, 15 - 18

Lebenskontrast! Ich war plötzlich ernst geworden und das Gefühl des Alleinseins ergriff mich so mächtig unter allen den Menschen, welche am Hafen auf und nieder wogten, daß ich beschloß, zurück an Bord zu gehen und dort die Nacht zu verbringen"[59].

"Das Leben auf dem Schiffe ist einförmig - fast eine Stunde wie die andere und doch so inhaltsreich, wenn man die Gedanken in Anschlag bringen will, welche durch die Poesie des Meeres und den Anblick der fremden Menschen in uns wachgerufen und entwickelt werden. Wir hatten seit unserer Abfahrt von St. Thomas das herrlichste Wetter. Der Himmel dehnte sich wolkenlos über das Meer und die Stimmung der Reisenden wurde zunehmend froher und glücklicher, je mehr wir unserem Ziele entgegenrückten. In St. Thomas ist ein Deutscher an Bord gestiegen, welcher für ein dortiges Handelshaus nach Cuba reist. Er erfreut uns an manchen Abenden mit seinem herrlichen Tenor, den er auf einer Guitarre begleitet. Ich stand gestern Abend, in Träumen versunken, über das Geländer gelehnt, als diese heimatlichen Klänge fast schmerzlich meine Seele berührten[60].

In ihrer Erzählung "Roderich Wallner", die bei Osiander in Tübingen 1883 bereits in der 2. Auflage erschien, verarbeitet sie ebenfalls ihre schweren Jahre in Mexiko. Sie erlebte damals ein von ständigen Bürgerkriegen erschüttertes Land und geht in diesem Roman auch auf die desolaten politischen Verhältnisse ein. Den Mittelpunkt des Romans bildet freilich eine dramatische Liebesgeschichte, doch stellt sie diese in ihre politischen und gesellschaftlichen Zusammenhänge. Ihre eigene Parteinahme nicht verschleiernd, schließt Keller-Jordan den Roman mit den Worten:

"Einige Tage später zog Juarez, den die Vereinigten Staaten schon seit zwei Jahren als Präsidenten anerkannt hatten, wirklich in die Hauptstadt der Republik und zwar, da sich die einflußreichen Clerikalen im Bewußtsein ihrer diesmaligen gründlichen Niederlage zurückgezogen hatten, unter dem ungetheilten Jubel des größthen Teiles der Bevölkerung. Er trat seine Regierung mit voller Energie an und traf seine Maßregeln im Geiste der schon früher proklamirten neuen Verfassung. Obgleich manche der Reformen, welche die Republik Mejico Juarez verdankt, durch spätere Ereignisse annullirt wurden, das eine große Gesetz, die Erklärung der Kirchengüter als Nationaleigenthum, konnte nichts mehr ungeschehen machen. Die clerikale Partei hatte eine Niederlage erlitten, von der sie sich auch in späteren, für sie günstigeren Zeiten nie wieder vollständig erholen konnte"[6].

In der Novelle "Im Moor", aus dem Novellenband "Lebenstiefen", den sie während ihres zweiten Mexikoaufenthaltes geschrieben hat, wird noch einmal ihr eigenes Schicksal zum Thema. Ihre innere seelische Zerrissenheit

---

59   ebenda, 25
60   ebenda, 31 f.
61   Keller-Jordan 1883, 202

während dieser zweiten Reise sucht sie durch Schreiben in den Griff zu bekommen.

"Käthe hatte durch ihr unglückliches Verhältnis mit ihrem Manne viel zu leiden und erst nachdem sie mit allen ihr zu Gebote stehenden Kräften die Scheidung zu wege gebracht, wobei Jahre vergingen, ist einigermaßen Ruhe in ihr Leben getreten. Sie gehört zu den Menschen, denen das Schicksal nie eine Gunst gewährt, und die, wenn sie jemals etwas erreichten, es sich mit allen moralischen und physischen Kräften erkaufen mußten."[62]

"Ich ahnte alle niederen Lügen und Quälereien, mit welchen der Mann, dem sie vor kaum zehn Jahren vertrauend in die Fremde gefolgt war, sie marterte und zu entehren versuchte"[63].

"Als ich endlich Käthe nach einem langen Jahre wieder in der Heimat begrüßen durfte, waren wir zwar beide tief bewegt, aber doch beruhigt in dem Bewußtsein, daß ihr Schicksal nun für immer von dem des Mannes getrennt bleiben durfte, der das Glück ihrer Jugend zerstört hatte. Viel später, hier im Moor, an einem stillen Sommerabende gestand sie mir indessen, wie das Leid ihr Segen geworden sei, denn sie habe erst durch dasselbe den Ernst des Lebens begreifen gelernt und die Mission, die uns mit demselben auferlegt wird. (...) Während Frau Mörner langsam dahinsiechte, hatte Käthe mit erneutem Mute und entschiedener Willenskraft ihre litterarischen Studien und Arbeiten wieder aufgenommen. Sie schrieb Aufsätze über das englische Leben, die in verschiedenen Blättern zum Abdrucke kamen und ihre bescheidenen Bedürfnisse - sie wollte ihrer Mutter keine Entbehrungen durch ihr Zusammenleben mit mit derselben auferlegen - so ziemlich deckten. Was aber ihre novellistischen Arbeiten betraf, in denen ihr eigentliches Talent liegt, so kamen dieselben nicht auf. Hier und da wurde eine ihrer ergreifenden Erzählungen in einem unbedeutenden Blatte abgedruckt und schlecht honoriert. Alle meine Bemühungen in dieser Beziehung blieben fruchtlos - ihr Name tot. Ihre Arbeiten paßten nicht in die gegenwärtige Zeit; auch hatten wir beide kein Verständnis für marktschreiende Reklame. Außerdem ist das Publikum, welches ihre Arbeiten lesen würde, wirklich nicht groß genug, um buchhändlerischen Erfolg zu erzielen. Sie verlor indessen den Mut nicht und arbeitete unentwegt ihre Aufsätze, für welche sie in bestimmten Blättern sichere Unterkunft fand"[64].

Immer wieder ist es ihre eigene Biographie, die ihr die Feder führt. Mit Sensibilität für Durchlittenes schildern ihre Novellen und Romane die Erfahrung der Fremdheit und Orientierungslosigkeit von Frauen als Folge einer Geschichte der weiblichen Aussperrung und Unterdrückung. Allerdings bleibt sie dem Ideal der großen, alles überwindenden Liebe verhaftet, die die gesellschaftliche Ungleichheit wieder wettmachen soll. Was die Frauenfrage

---

62 Keller-Jordan 1891, 179
63 ebenda, 181 f.
64 ebenda,183 ff.

betrifft, ist Keller-Jordan nicht konsequent genug. Zu sehr bleibt sie dem individuellen Schicksal verhaftet, das sich bei ihr in erster Linie mit dem Zwang zur Selbstvergewisserung in ihren Publikationen Bahn bricht. Eingebettet in dramatische Liebesbeziehungen, kommt das erzählerische Werk Keller-Jordans nicht über den Status der Unterhaltungsliteratur hinaus. Vielleicht mit der Ausnahme des hessischen Geschichtsromans "Die Grubers" (1887), dem wir uns abschließend noch einmal zuwenden wollen.

Die Handlung spielt im damaligen Kurhessen und beginnt mit dem Jahre 1820, der Zeit des deutschen Vormärz. Leitthema des Romans sind die Verfassungskämpfe im Kurfürstentum Hessen, die bei Keller-Jordan natürlich wieder in komplizierte Liebesverhältnisse eingewoben sind. Allerdings hat sie die politischen, sozialen und gesellschaftlichen Verhältnisse der Zeit glasklar analysiert und die obrigkeitsstaatliche Willkürherrschaft angeprangert.

Das Kurfürstentum Hessen war ein kleines und armes Land, unzulänglich regiert und hinter der Zeit zurück. Es reichte von Kassel bis Hanau und von Fulda bis Marburg; auswärtige Exklaven wie die Grafschaft Schaumburg oder das thüringische Schmalkalden, fielen nicht weiter ins Gewicht. Die Bevölkerungszahl wuchs schnell, zwischen Lahn, Main und Werra lebten damals mehr als 700.000 Menschen, überwiegend kümmerlich, meist auf dem Land und vom Ackerbau. Das Gewerbe war unterentwickelt, von Industrie noch kaum zu reden. Gegen Mitte des Jahrhunderts stagnierte die Bevölkerungsentwicklung, da eine starke Auswanderungsbewegung in die Neue Welt eingesetzt hatte. Die Gründe für die Rückständigkeit waren mannigfaltig. Kargheit der Böden, vernachlässigte Viehzucht, Mangel an Bodenschätzen, besitzersplitterndes Erbrecht in Form der Realteilung und konservative Wirtschaftspolitik. Erst nach 1830, eine Generation später als in Preussen, begann die Ablösung der Feudallasten, all jener Fronen, Dienste, Zinsen und Zehnten, die die Bauern drückten, und die Gewerbefreiheit blieb noch eine unerfüllte Forderung bis in die preußische Zeit. Die Bevölkerung ächzte unter Kurfürst Wilhelm II., der sein Land und seine Untertanen ausplünderte. "Patriarchalisch und voller Selbstsucht wie mancher Kleinfürst in der Abenddämmerung der Monarchie, fehlte ihnen der Charme, der kultivierte Geschmack, das Mäzenatentum, das unter glanzlosen Kronen (man denke an Weimar) mitunter am besten gedieh. Wodurch Kassel von sich Reden machte, das glich eher der Despotie, der Willkür im Umgang mit dem Recht und mit den Untertanen. Dazu ein Lebensstil, der die Bürgermoral empörte. Mätressengeschichten, Giftmordgerüchte - alles anstößiger und unverhüllter als damals üblich an deutschen Höfen"[65]. Erst unter dem Druck der Unruhen, die die Pariser Julirevolution von 1830 in ganz Deutschland hervorgeru-

---

65 Seier 1983, 163

fen hatte, waren Regent und Regierung bereit, Verhandlungswege einzuschlagen, deren Endpunkt die Verfassung war. Wenn auch nicht ihr Urheber oder alleiniger Inspirator, so war Sylvester Jordan doch der Mann, der ihr eine Reihe wichtiger Merkmale und viel vom Stil seines Denkens eingeprägt hat. Der Marburger Rechtsgelehrte, ein liberaler Jurist, Vertreter seiner Universität in den nun endgültig wiederberufenen Ständen, war durch die Schule des Natur-rechts gegangen und orientierte sich an Kant und Fichte. Wie es mit Jordan und auch mit Kurhessen weiterging, haben wir bereits gesehen. Nur zu bald, nach dem Hambacher Fest und dem Frankfurter Wachensturm, kam der Umschlag. "Er kam in Gestalt Ludwig Hassenpflugs, eines hochkonservativen Juristen, Schwagers der Brüder Grimm, Freundes der preußischen Kamarilla, der von 1832 bis 1837 leitender Minister in Kassel war"[66]. Dieser, im Volksmund zu der "Hessen-Fluch" avancierte Verwaltungschef, beutelte das Volk erneut und war auch letztlich verantwortlich für die jahrelange unschuldige Gefangensetzung Sylvester Jordans.

Diesen nicht leichten Stoff hat sich Henriette Keller-Jordan in "Die Grubers" vorgenommen. Die Mätressenwirtschaft des Kurfürsten beschreibt sie ebenso schonungslos wie dessen rücksichtsloses Vorgehen gegen politisch Andersdenkende. Der Roman erzählt die Geschichte der Familie Gruber aus Kassel, die bereits in der zweiten Generation politisch verfolgt wird und deren ältester Sohn nach Nordamerika ins Exil gehen mußte. Den Vater hatte man, des Hochverrats angeklagt, zum Tode verurteilt. Die Strafe wurde nicht vollstreckt, weil Gruber vorher, seelisch gebrochen, als Wahnsinniger starb. Auch der zweite Sohn Herbert, ein Pfarrer, wird observiert und willkürlich gefangengesetzt. Mutter und Schwester leben inkognito in Kassel, um Repressalien zu entgehen. Aus dem Freundeskreis der Familie - alles freiheitlich Gesinnte - verliebt sich die Tochter Edith in Herrn von Eberbach, der als Anführer einer revolutionären Gruppe ebenfalls verhaftet wird. Am Ende gelingt es Herbert Gruber und auch Eberbach mit Hilfe der Freunde aus Kurhessen zu fliehen. Gruber geht in die Schweiz, Eberbach nach London. Die Mutter Gruber, die durch das schwere Schicksal der Familie trübsinnig wird, stirbt früh. Edith, nun ebenfalls an nichts mehr in Kurhessen gebunden, emigriert gemeinsam mit Eberbach nach England, wo die beiden heiraten.

Wenigstens in diesem Punkt endet der Roman mit einem Happy-End. Was die politischen Verhältnisse aber angeht, zeigt Keller-Jordan schonungslos die Willkürherrschaft des Kurfürsten auf, die erst später, durch den revolutionären Druck der Bevölkerung, ins Wanken gerät. Daß der Roman autobiographisch motiviert ist, liegt auf der Hand. Die unschuldige Gefangenschaft des Vaters, die sich ja auf die ganze Familie in so fataler Weise

---

66   Seier 1983, 167

24 Wilhelm II., Kurfürst 1821 bis 1847.

ausgewirkt hatte, wird hier schriftstellerisch verarbeitet.

Die folgenden Passagen lassen diese Zeit noch einmal auferstehen. Zunächst zur Mätressenwirtschaft Wilhelm II.:

> *"In dem Palais am Friedrichsplatze, neben dem seinigen, hatte der Kurfürst seiner langjährigen Favoritin, der nunmehrigen Gräfin Reichenbach, eine Flucht von Gemächern zur Verfügung gestellt, die mit fürstlicher Pracht und mit künstlerischem Geschmacke ausgestattet waren. Die Gräfin trat in demselben mit einem selbstgefälligen Übermuthe auf, der sich wohl auf die sieben Jahre der Unterdrückung zurückführen ließ, in denen sie sich heimlich in Kassel aufhalten mußte. Jetzt empfing sie dagegen wie eine souveräne Herrscherin, und man wußte, bei ihrem sich immer gleich bleibenden Einflusse, den sie auf den Kurfürsten auszuüben verstand, daß von ihrem Wollen oder Nichtwollen oft die Existenz und das Glück der besten hessischen Familien abhing. Sie liebte, das auch merken zu lassen und legte bei ihren sonst wenigen geistigen Interessen eine doppelte Empfänglichkeit für Huldigungen an den Tag. Am meisten haßte sie die Kurfürstin, deren überlegene Bildung, edles Wohlwollen und immer zur Hilfe bereites Herz, derselben unzählige Anhänger und die Verehrung aller besser Denkenden erworben hatten. Die Gräfin konnte sich das nicht verhehlen, so sehr man es auch vermied, darauf Bezügliches in ihrer Gegenwart zu berühren. Aber da seit einiger Zeit ihr jüngerer Bruder Ferdinand Ortlöpp in die kurfürstlichen Forsten eingestellt war, so erfuhr sie ohne sich bloßstellen zu lassen alles, was von dieser Seite her für sie von Interesse sein konnte"*[67].

Das innenpolitische Klima umreißt sie so:

> *"'Ich habe Dir zuweilen vom meinem Freunde Eberhard Gruber erzählt, Ernestine, nicht wahr?'*
> *'Ja freilich, ich meine immer, mich seiner noch zu erinnern. Was war es eigentlich, was ihn vor sechs Jahren ins Exil trieb?'*
> *'Ach das ist schwer zu sagen, Kind, unser gutes Kurhessen ist schon lange in Verhältnissen, in welchen Dinge geschehen, für die es keine Gründe giebt. (...) Die Grubers haben es nie verstanden zu schweigen, wenn gegen Recht und Gerechtigkeit gehandelt wurde, sie gehörten zu jenen Menschen, mit denen die Ehrlichkeit geboren wird. Vielleicht hatte gerade diese Eigenschaft ihnen Feinde gemacht, denn auch Eberhard äußerte sich leicht über Ungerechtes mißbilligend, wo Klügere schwiegen.' (...)*
> *'Wer könnte die feinen Fäden entwirren, die sich bei willkürlicher Herrschaft so leicht verschlingen lassen? Kurz und gut, an einem schönen Sommerabende, als wir in gehobener Stimmung von einem herrlichen Spaziergange kamen, wurde er seines Säbels beraubt und zum Gefangenen gemacht.'*
> *'Aber konnte man ihm etwas beweisen?'*

---

67 Keller-Jordan 1887, 26 f.

> *'Nein, da er sich aber weigerte, die Äußerungen zurückzunehmen, die er im Bezug auf ungerechte Thatsachen der Regierung gethan, wurde die Untersuchung, die man gegen ihn eingeleitet, niedergeschlagen - und er des Landes verwiesen'*[68].

Edith, die Tochter aus dem Hause Gruber, die sowohl die Gefangenschaft des Vaters wie auch das Exil ihrer Brüder mitansehen mußte, bittet um Audienz bei der Kurfürstin:

> *"Sie schilderte mit ergreifender Lebendigkeit, wie sie als Kind in unüberwindlicher Scheu die Gefängnißzelle ihres Vaters betreten, zu seinen Füßen gekauert und gelitten ob seines leidenden, geliebten Angesichtes. Und wie sie dann, während er mit der Mutter gesprochen, in einen Winkel gegangen, die Hände gefaltet habe und Gott gebeten, ihn glücklich zu machen. Und dann begann sein Geist sich zu umnachten und er, zu dem sie als ihrem Höchsten empor gesehen, er sollte gebrochen, mit weißen Haaren - ein Wahnsinniger - das Gefängniß verlassen. Und dann sprach sie von der Mutter, die ihn im abgelegenen Dorfe behütet und gepflegt, vor dem Spotte der Menschen verborgen hatte - bis er immer matter und matter endlich zusammenbrach. (...)*
> *Edith schluchzte - bis dahin hatte sie sich fassen können. Das war ja alles noch in der Kinderzeit an ihrer jungen Seele vorüber gegangen - sie hatte gelitten, aber unbewußt und ohne Sorgen. Jetzt wurde das anders. Der Bruder, der die Mutter aufrecht erhalten, legte diese Sorge an ihr junges Herz"*[69].

Der Vater im Gefängnis - dieses Thema ließ Keller-Jordan bis zu ihrem Lebensende nicht los. Immer wieder versucht sie, sich die Qual von der Seele zu schreiben. Zu schwer hatte das Schicksal auf ihrer Familie gelastet, als daß sie es einfach hätte verdrängen können. Doch das Schreiben wird ihr zum Medium der Verarbeitung psychischer Konflikte, indem ihre Romanheldin, stellvertretend für sie selbst, sich gegen solche Willkür wehrt.

Als Herbert Gruber vor seinem Haus verhaftet wird, fragt sich seine Schwester Edith:

> *"Wer war überhaupt bei dieser Willkürherrschaft, in welcher sich jeder Beamte souveräne Rechte anmaßte, sicher vor Überfall im eigenen Hause?"*[70].

Dies hatte Keller-Jordan schließlich als Kind erlebt, daß der Vater noch im Schlafrock verhaftet und dann im Marburger Schloß inhaftiert worden war.

---

68 ebenda, 51 ff.
69 ebenda, 103
70 ebenda, 117

Auch die Stimmung in der Bevölkerung wird im Roman brilliant wiedergegeben:

> "Man wiegte sich in üppigem Wohlsein unter dem zauberischen Geäste der Rothbuchen und Silberpappeln - und kümmerte sich nicht um das sorgengequälte Volk im Lande. Die Abgaben wurden größer und größer und der Staatsschatz floß sorglos mit der Privatschatulle seiner Königlichen Hoheit zusammen. Gegen die Gefahren unberufener Eindringlinge hatte man den Park mit zahllosen Wachen versichert, die Niemanden ohne Legitimationskarte einlassen durften"[71].

> "Unser armes Hessenvolk ist am Verschmachten, allen Berichten zufolge ist es auf dem Lande noch trostloser als in den Städten und unter dieser Regierung - das wissen Sie - da wird es nicht anders"[72].

> "'Es sei denn', unterbrach ihn Röder, 'daß das hungrige, empörte Volk eines Tages vor das Palais rücken und in bestialischer Wuth und Ungebundenheit eine Revolution zum Ausbruche bringen würde'"[73].

> "Man war in Kurhessen an dem Punkte angelangt, wo die Erbitterungen im Volke ernsten Erwägungen Platz machten - und sich die Keime zu regen anfingen, die sich nach und nach zum Selbstbewußtsein und zur Willenskraft entfalteten. Es waren die Jahre, die dem schmerzlichen Aufschrei von 1831 vorhergingen, wo das erbitterte Volk, jede Rücksicht vergessend, vor das Palais des Kurfürsten stürmte und nach einer Verfassung und seinen Rechten schrie"[74].

Doch vorher endet Keller-Jordans Roman. Edith geht mit Eberbach nach London ins Exil. Freunde hatten ihn aus dem Gefängnis befreien können, in dem er wegen Hochverrats einsaß.
Sie beschließt ihren Roman mit einer wehmütigen Schilderung ihrer einstigen Heimat:

> "Als das erste Morgendämmern durch die Scheiben des Wagens drang, reckte sich Eberhard und öffnete das Fenster. Sie waren bei Marburg. Vor ihnen lag die schöne, malerische Stadt, wie mit grauen Schleiern umhüllt und schmiegte sich sanft gegen den Hügel des Schloßberges. Die gothischen Thürme der Elisabethenkirche reckten sich in unklaren Umrissen, wie ein wesenloser Traum, im Morgennebel des Thales. Es war ein ergreifendes Bild, selbst für den, der es nicht seine Heimath nannte"[75].

---

71 ebenda, 122
72 ebenda, 169
73 ebenda, 169
74 ebenda, 187
75 ebenda, 206 f.

Mit "Die Grubers" hat Keller-Jordan ihrem Vater noch einmal ein Denkmal gesetzt. Gleichzeitig hat sie versucht, eigene quälende Erinnerungen mit diesem Roman zu verarbeiten.

Trotz der zahlreichen Werke, die Henriette Keller-Jordan hinterließ, wurde sie in der deutschen Literaturgeschichte vergessen. In den Nachrufen des Jahres 1909 lebt sie noch einmal als gefeierte Romanschriftstellerin auf, doch dann wird es still um sie. Allein ihrem Freund und Lebensgefährten Tesdorpf ist es zu verdanken, daß sie der völligen Vergessenheit entrissen werden konnte. Insbesondere sein umsichtiges Vorgehen, die handschriftlichen autobiographischen Aufzeichnungen Keller-Jordans in der Bayerischen Staatsbibliothek aufbewahren zu lassen, kann als Glücksfall angesehen werden. Gerade Autobiographien sind es, die den Kultur- und Sozialwissenschaften Einblick in den Lebensalltag der Menschen gewähren. Doch sie sind selten und meist nicht für eine größere Öffentlichkeit geschrieben, insbesondere nicht von Frauen. Gerade weibliche Selbstzeugnisse verschwanden in der Regel nicht in den Archiven, sondern vielmehr in häuslichen Schubladen und Papierkörben.

Anhand der Biographie Henriette Keller-Jordans aber können wir heute das Lebensschicksal einer Frau nachzeichnen, die sich aus den bürgerlich-patriarchalischen Verhältnissen des 19. Jahrhunderts befreite und zu einer engagierten Schriftstellerin emporwuchs. Die Schwierigkeiten einer solchen Karriere sind jedoch nicht zu unterschätzen. Keller-Jordan hat sie schreibend bewältigt.

25 Henriette Keller-Jordan im Jahre 1901, aufgenommen in dem englischen Seebad Cromer, von der beginnenden langjährigen Krankheit bereits gezeichnet.

Zeittafel Henriette Keller-Jordan

1835	04. Juni: als ältestes Kind in der zweiten Ehe des Professors der Rechte, Sylvester Jordan, und dessen Ehefrau Pauline, geb. Wigand, in Marburg geboren.
1837	Geburt der Schwester Paula
1839	Verhaftung und Gefangensetzung des Vaters wegen angeblichen Hochverrats. Beginn der Nervenkrankheit der Mutter
1842	Tod der Halbschwester Luisa Friderika (12 J.)
1843	Weihnachten: Geburt der Schwester Natalie
1844	Tod des Halbbruders Ferdinandus (22 J.) und der Halbschwester Caroline (20 J.)
1845	03. März: Entlassung Sylvester Jordans gegen Kaution Tod des Halbbruders Wilhelmus Simon (19 J.) 17. Oktober: Freispruch Jordans vor dem Oberappelationsgericht
1848	Umzug der Familie nach Frankfurt am Main. Wohnung in der Eschenheimer Allee. Privatschule der beiden älteren Töchter "Rother Hof". Wahl Jordans in die Nationalversammlung und seine Ernennung zum Geheimen Legationsrat.
1850	März: Umzug der Familie nach Kassel. Jordan im "Warte"- bzw. vorzeitigen Ruhestand. Politischer Rückzug Jordans.
1851	Tod der Schwester Paula (14 J.)

1854	Frühjahr: Bekanntschaft mit dem Geschäftsmann Edgar Keller. 01. August: Eheschließung mit Keller, dem sie nach Mexiko folgen muß. Herbst: Überfahrt nach Mexiko. Starkes Heimweh und Beginn der Eheprobleme
1855	Geburt des Sohnes Hermann
1858	Geburt des Sohnes Richard
1861	15. April: Tod des Vaters in Kassel. Depressionen. Geburt des Sohnes Ernst
1863	Rückkehr nach zehnjährigem Mexikoaufenthalt nach Kassel. Finanzielle und familiäre Probleme
1865	Umzug nach Schrecksbach in der hessischen Schwalm Geburt der Tochter Paula Maria Anna
1869	Umzug nach Marburg. Wohnung in der Schwanallee. Keller privatisiert. Zunehmende Ehe- und Geldprobleme. Tod der Schwester Natalie
1870	Geburt des Sohnes Ferdinand
1870/71	Der Ehemann hält sich noch einmal wegen geschäftlicher Abwicklungen in Mexiko auf und läßt sie in den Kriegsjahren allein in Marburg.
1874	Tod der Tochter Paula und des Sohnes Ferdinand durch Scharlachfieber.

1876	Heimliches Verlassen des ungeliebten Mannes und Umzug nach Tübingen, wo der Sohn Richard studiert. November: Richard geht nach Mexiko. Überleben durch Erteilen von Privatunterricht und ersten journalistischen Arbeiten. Sie erhält keinen Unterhalt von ihrem Mann. In den nächsten zehn Jahren entwickelt sie sich zu einer bedeutenden Schriftstellerin.
1879	erscheint die Erzählung "Eine Wallfahrt"
1883	erscheinen der erfolgreiche Roman "Roderich Wallner" und die "Mexikanischen Novellen".
1885	"Natalie". Tod der Mutter und des Ehemannes Edgar Keller, von dem sie getrennt lebte. Der kranke Sohn kommt nach Haina.
1886	"Hacienda Felicidad". Umzug nach München und gemeinsames Leben mit dem Arzt und Psychiater Dr. Paul Tesdorpf. Mitherausgeberin der Zeitschrift "Hessenland" von 1886 bis 1909.
1887	"Transatlantisches", "Aus der Gegenwart", "Die Grubers". Große Mexiko- und Nordamerikareise. Wiedersehen mit dem Sohn Richard.
1888	Feuilletonistin, Übersetzerin und Kritikerin für das Magazin für Literatur des In- und Auslandes, die in Mexiko erscheinende deutsche Zeitung "Germania" und ca. 20 weitere Zeitschriften bis 1909. "Von Mexiko nach Paso del Norte"
1889	Beginn der Autobiographie
1891	"Lebenstiefen". Novellenband

1893	"Ausgewanderte". Roman
1895	"Rafaela"
1896	Besuch des Sohnes Richard und dessen Familie in München. Gemeinsame Deutschlandreise.
1899	"Tante Helene" Beendigung der Autobiographie
1900	"Mater dolorosa", "Ein welkes Blatt", "Tante Hannchen", "Verweht".
1901	"Im Gerichtssaal". Kuraufenthalt in einem englischen Seebad.
1902	"Eine Jugenderinnerung". Tod des Lieblingssohnes Richard in Mexiko.
1903	Tod der Enkelin Amparo in Mexiko
1908	"Wandlungen". Novellenband
1909	09. Februar: Tod in München
1911	erscheint der Roman "Frühlingsstürme" in den Münchner Neuesten Nachrichten posthum.

Zitierte Literatur

Allgemeine Deutsche Biographie (ADB), 14. Bd, hrsg. d. d. Historische Kommission bei der Königlichen Akademie der Wissenschaften, 1. Aufl. 1881

Elisabeth Badinter, L'amour en plus, Paris 1980, Dt.: Die Mutterliebe, Geschichte eines Gefühls vom 17. Jahrhundert bis heute, München 1981

Friderika Baldinger, Lebensbeschreibung von ihr selbst verfaßt, hrsg. v. Sophie von La Roche, Offenbach 1791

Lily Braun, Memoiren einer Sozialistin, 2 Bde., München 1909

Ingeborg Drewitz, Berliner Salons, Berlin 1969

Ferdinand Freiligrath, Werke, Berlin 1905

Sigmund Freud, Abriß der Psychoanalyse, Frankfurt a. M. 1953

Ute Gerhard, Die Rechtsstellung der Frau in der bürgerlichen Gesellschaft des 19. Jahrhunderts, in: Bürgertum im 19. Jahrhundert, Bd. 1, hrsg. v. Jürgen Kocka, München 1988, S. 439-468

Marlies Gerhardt, Franziska zu Reventlow (1871-1918), in: Frauen. Porträts aus zwei Jahrhunderten, hrsg. v. Hans Jürgen Schultz, 5. Aufl., Stuttgart 1987, S. 226-243

Klaus Goch, Eleanor Marx (1855-1898), in: Töchter berühmter Männer, hrsg. v. Luise Pusch, Frankfurt/Main 1988, S. 275-348

Benoite Groult, Leben will ich, München 1984

Margaret Hennig/Anne Jardim, Frau und Karriere, Reinbek 1987

Hessenland, Zeitschrift für hessische Geschichte und Literatur, Jahrg. 1 - XXIII, Kassel 1886-1909

Claudia Honegger/Bettina Heintz, Listen der Ohnmacht. Zur Sozialgeschichte weiblicher Widerstandsformen, Frankfurt/Main 1984

Hiltgund Jehle, Ida Pfeiffer. Weltreisende im 19. Jahrhundert, Münster/New York 1989

Henriette Keller-Jordan, Erinnerungen an Dr. Paul Wigand, in: Hessenland, XXII. Jahrg., 1908, S. 73-77

Dies., Ein welkes Blatt, in: Hessenland, XVI. Jahrg. 1902, S. 246 f.

Sylvester Jordan's Politische Erinnerungen aus der Zeit seiner Gefangenschaft 1839-1845, Aus dem literarischen Nachlasse seiner Tochter Henriette Keller-Jordan, hrsg. v. Paul Tesdorpf, München 1912

Sylvester Jordan, Wanderungen aus meinem Gefängnisse am Ende des Sommers und im Herbste 1839, Marburg 1847

Günter Kleinknecht, Sylvester Jordan (1792-1861). Ein deutscher Liberaler im Vormärz, Marburg 1983

Ernst Koch, Prinz Rosa-Stramin, Kassel 1881

Margret Kraul, Bildung und Bürgerlichkeit, in: Bürgertum im 19. Jahrhundert, Bd. 3, hrsg. v. Jürgen Kocka, München 1988, S. 45-73

Marburger Sippenbuch, Bd. 13, Staatsarchiv Marburg

Gert Mattenklott, Romantische Frauenkultur. Bettina von Arnim zum Beispiel, in: Schreibende Frauen, hrsg. v. Hiltrud Gnüg und Renate Möhrmann, Stuttgart 1989, S. 123-143

Marita Metz-Becker, Schreibende Frauen. Marburger Schriftstellerinnen des 19. Jahrhunderts, Marburg 1990

Lina Morgenstern, Die Frauen des 19. Jahrhunderts, Berlin 1888: "Henriette war zwölf und ein halbes Jahr alt, als der sehr geachtete Arzt Dr. Marcus Herz (...) um sie anhielt" (S. 93). Vgl. auch Adalbert von Haustein, Die Frauen in der Geschichte des Deutschen Geisteslebens des 18. und 19. Jahrhunderts, Leipzig 1900

Lutz Niethammer (Hrsg.), Lebenserfahrung und kollektives Gedächtnis. Die Praxis der "Oral History", Frankfurt a. M. 1980

Sophie Pataky, Lexikon deutscher Frauen der Feder, 2 Bde., Berlin 1898

Robert Prutz, Die deutsche Literatur der Gegenwart 1848-1858, Bd. 2, Leipzig 1859

Wilhelm Heinrich Riehl, Die Familie, Stuttgart 1889

Karl August Wilhelm Schindel, Die deutschen Schriftstellerinnen des 19. Jahrhunderts, Bd. 1-3, Leipzig 1823-1825

Wilhelm Schoof, Die deutsche Dichtung in Hessen. Studien zu einer hessischen Litteraturgeschichte, Marburg 1901

Hellmut Seier, Der unbewältigte Konflikt. Kurhessen und sein Ende 1803-1866, in: Die Geschichte Hessens, hrsg. v. Uwe Schultz, Stuttgart 1983, S. 160-170

Inge Stephan/Regula Venske/Sigrid Weigel, Frauenliteratur ohne Tradition? Neun Autorinnenporträts, Frankfurt a. M. 1987

Therese Tesdorpf-Sickenberger, Sie. Eine Erinnerung an Henriette Keller-Jordan, in: Hessenland 1911, S. 161 f.

Ingeborg Weber-Kellermann, Eine preußische Königstochter. Glanz und Elend am Hofe des Soldatenkönigs in den Memoiren der Markgräfin Wilhelmine von Bayreuth, Frankfurt a. M. 1981

Dies., Frauenleben im 19. Jahrhundert, München 1983

Dies., Die Kindheit, Frankfurt a. M. 1979

Sigrid Weigel, Sophie Mereau, in: Frauen. Porträts aus zwei Jahrhunderten, hrsg. v. Hans Jürgen Schultz, 5. Aufl., Stuttgart 1987, S. 20-33

Weitere Literatur zu Henriette Keller-Jordan

Biographisches Jahrbuch und Deutscher Nekrolog, hrsg. v. Anton Bettelheim, XIV. Bd, 1909, S. 195 f.

Deutschlands, Österreich-Ungarns und der Schweiz Gelehrte, Künstler und Schriftsteller in Wort und Bild, 1908, S. 335-339

Heinrich Groß, Deutschlands Dichterinnen und Schriftstellerinnen, Bd. 1, Wien 1882, S. 141

Hessenland, XXIII. Jahrg., 1909, Henriette Keller-Jordan (Nachrufe)

Adolf Hinrichsen, Das literarische Deutschland, 2. verb. u. verm. Aufl., 1891, S. 637

Wilhelm Kosch, Deutsches Literatur Lexikon, Bd. VIII, S. 1044 f.

Nekrolog zu Kürschners Literatur Kalender, 1901-35, hrsg. v. Gerhard Lüdtke, Berlin und Leipzig 1936, S. 352

Sopie Pataky (Hg.), Lexikon deutscher Frauen der Feder, 2 Bde., Berlin 1898, S. 417 f.

Wilhelm Schoof, Henriette Keller-Jordan. Zu ihrem 70. Geburtstag, in: Hessenland, Zeitschrift für hessische Geschichte und Literatur, XIX. Jahrg., 1905

Ders., Die deutsche Dichtung in Hessen, Studien zu einer hessischen Literaturgeschichte, Marburg 1901

Ders., Hessisches Dichterbuch (begründet durch Valentin Traudt), 3. Aufl., Marburg 1901

Ders., Marburg. Die Perle des Hessenlandes, 2. Aufl., Marburg 1902

Paul Tesdorpf, Henriette Keller-Jordan (Nachruf), Stuttgart 1909

Ders., Henriette Keller-Jordan. Ein Lebensbild, in: Münchner Neueste Nachrichten, 64. Jahrg., 16.3.1911

Valentin Traudt, Hessisches Dichterbuch, 2. Aufl., Kassel 1895

Bildnachweis

1 Paul Tesdorpf, Henriette Keller-Jordan. Nachruf, Stuttgart 1909.
2 Hellmut Seier, Sylvester Jordan und die Kurhessische Verfassung von 1831, Marburg 1981, S. 3.
3 Hellmut Seier, a.a.O., S. 35.
4 Ingeborg Schnack, Marburg. Bild einer alten Stadt, Hanua 1974, S. 130/131, Abb. 28/29.
5 Klaus-Peter Müller, Alte Photographien aus der Stadt Marburg, Marburg 1984, S. 77.
6 Quelle: Foto Marburg.
7 Ausstellungskatalog "Von Hessen nach Deutschland. Wissenschaft und Politik im Leben und Werk der Brüder Grimm", Kassel 1989.
8 Klaus-Peter Müller, a.a.O., S. 69.
9 Ausstellungskatalog, a.a.O., S. 162.
10 Carl Eduard Vehse, Die Höfe zu Hessen, Leipzig und Weimar 1991, S. 73.
11 Walter Grab, Heinrich Heine als politischer Dichter, Frankfurt am Main 1983, S. 193.
12 Renate Wiggershaus, George Sand, Reinbek 1982, S. 83.
13 Quelle: Foto Marburg.
14 Quelle: Foto Marburg.
15 Angus Fowler, Marburg 1849-1920, Marburg 1989, S. 88.
16 Quelle: Foto Marburg.
17 Roderich Wallner. Henriette Keller-Jordans erste Romanveröffentlichung.
18 Quelle: Foto Marburg.
19 Quelle: Foto Marburg.
20 Quelle: Foto Marburg.
21 Auszug aus der handschriftlichen Autobiographie Henriette Keller-Jordans, 25.03.1900 "Erinnerung an Marburg".
22 Walter Grab, a.a.O., S. 199.
23 R. Wiggershaus, a.a.O., S. 132.
24 C.E. Vehse, a.a.O., S. 109.
25 Tesdorpf, a.a.O., S. 19.